DAILY
法学選書

ピンポイント
デイリー法学選書編修委員会 [編]

民事訴訟法

三省堂

はじめに

　民事訴訟法は、私的な権利義務関係を解決するための訴訟手続に関する法律です。一般に、訴訟手続に関する法律は、技術的な規定が多いため、具体的なイメージをもつことが難しいという特徴があります。

　民事訴訟法は、常に具体的な事例を意識して、訴訟手続全体に対する理解が重要です。特に民事訴訟法は「円環構造」をもっているといわれており、手続を順番に沿って勉強していっても、必ずしも学習効果を期待できません。後に出てくる制度が、手続序盤の制度と関連性をもっていることも多く、手続全体を通して、繰り返し学習することで、理解を深めていくことができます。また、訴訟手続の基礎にあるさまざまな基本原則を着実に押さえ、定義や概念を正確に理解する必要があります。

　本書は、はじめて法律を学習する人を対象に、読みやすく、無理なく民事訴訟法全体の重要な知識が習得できるように構成された入門書です。特に法制度の「幹」になる部分の解説に重点を置いています。判例・学説の対立についても、細かい議論に立ち入るよりも、その背景にある問題の所在を明らかにして、考える筋道を提示するように心がけています。

　本書を通読していただいた上で、今後、より詳細な体系書などの学習へと進んだ場合に、混乱することなく、スムーズに内容を理解できるように、本書では、土台になる徹底した基礎内容を丁寧に解説しています。

　本書を日常学習のお役に立てていただき、次のステップへの架け橋として活用していただければ幸いです。

デイリー法学選書編修委員会

Contents

はじめに

第1章　民事訴訟の原則

図解　民事訴訟手続の全体像　　8
1　民事訴訟法とは　　10
2　民事訴訟法の構造と基本原則　　12
3　訴訟手続の流れ　　16
4　通常訴訟以外の訴訟手続　　20
5　請求・事実・証拠の関係　　22
Column　判決を勝ち取れば終わりではない？　　24

第2章　訴訟手続の開始

1　訴え、訴えの種類　　26
2　訴え提起の方法　　28
3　訴訟要件　　32
4　二重起訴の禁止　　36
5　訴えの利益　　40
6　裁判所　　44
7　管　轄　　46
8　裁判官の除斥・忌避・回避　　48
9　当事者　　50
10　当事者能力　　52
11　当事者適格　　54
12　第三者の訴訟担当　　58
13　訴訟能力・弁論能力　　62
14　訴訟上の代理人　　64
15　訴訟物　　68

16	処分権主義	72
17	申立事項と一部請求	76
Column	境界確定訴訟は通常の訴訟とは異なる	80

第3章　訴訟の審理

1	口頭弁論	82
2	口頭弁論を迅速に行うための制度	86
3	攻撃防御方法	88
4	争点整理手続	92
5	当事者の欠席	94
6	弁論主義	96
7	弁論主義と釈明権	100
8	当事者の訴訟行為	102
Column	訴訟を起こす前の準備が勝敗の分かれ目？	104

第4章　証拠調べ

1	証拠調べと証拠能力・証拠価値	106
2	証明が必要な事実	110
3	裁判上の自白	114
4	自由心証主義と証拠共通の原則	118
5	証明責任	122
6	証拠申出・証拠決定	126
7	証拠調べの種類	128
8	文書提出命令	132
9	当事者の意思による訴訟の終了	136
10	訴えの取下げ	138
11	請求の放棄・認諾	140

12	訴訟上の和解	142
13	終局判決による訴訟の終了	144
14	判決の種類	146
15	判決の効力	150
16	確定判決の効力	152
Column	判決を得るまでの時間がないときの手段	156

第5章　複数請求訴訟

1	複数請求訴訟・多数当事者訴訟	158
2	単純併合・選択的併合・予備的併合	162
3	訴えの変更	164
4	反訴・中間確認の訴え	166
5	共同訴訟	168
6	独立当事者参加	172
7	補助参加	174
8	訴訟承継	178
Column	集団で行う訴訟	180

第6章　上訴・再審

1	上　　訴	182
2	控　　訴	184
3	上　　告	186
4	抗　　告	188
5	特別上訴・再審	190

第1章

民事訴訟の原則

図解 民事訴訟手続の全体像

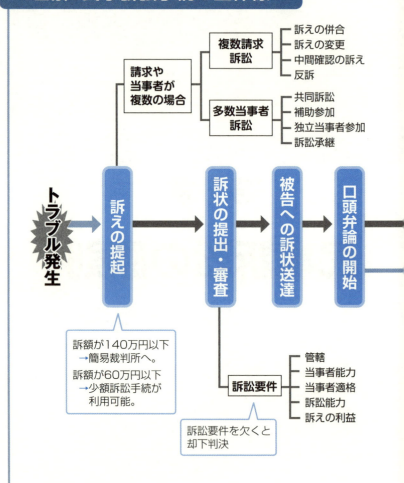

第1章 民事訴訟の原則

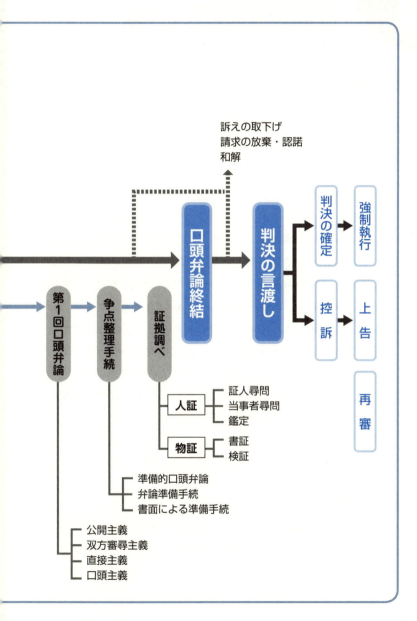

1 民事訴訟法とは

民事訴訟とは

　「貸したお金を返してもらえない」「会社が残業代を支払ってくれない」など、人と人、人と会社との私人間の紛争を解決する手段が民事訴訟です。

　民法や商法などの私法は、私人間の法律関係を規律していますが、その法律関係を実現するには、裁判を起こす必要があります。しかし、債務者がお金を返さない、お金を借りていない、と主張するなど当事者間に争いが生じた場合に、債権者が債務者の家に押し入って自力で回収することを、わが国の法は認めていません（自力救済の禁止）。そのため、債権者がお金を返してほしい場合は、訴えを提起して、裁判所で当事者間にどのような法律関係があるのかを判断してもらう必要があります。

　民法が当事者間の権利義務といった法律関係の内容を定めた実体法であるのに対し、民事訴訟法は、実体法を実現するための手続（手段）を定める法であることから手続法と呼ばれています。民事訴訟法は、民事裁判の手続を定めた手続法です。

　自力救済が禁止された社会で、私法上の権利を実現するには、民事訴訟法に基づいて訴えを起こすことが必要です。

紛争の解決方法

　私人間の争いを解決する方法としては、判決・決定・命令といった裁判所が判断を言い渡す「裁判」以外にも、和解・調停・仲裁などの当事者間の合意に基づく自主的な解決方法が認められています。和解とは、当事者が話し合いにより解決する

第1章 ■ 民事訴訟の原則

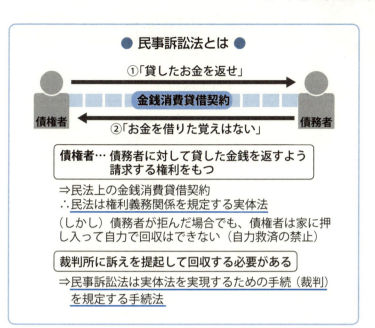

方法で、裁判手続を利用しない民法上（裁判外）の和解と、裁判手続を利用する裁判上の和解があります。これに対し、調停機関が仲介に入って当事者が合意をすることを調停といい、当事者が裁判官でない第三者（仲裁人）に紛争の解決を依頼することを仲裁といいます。

なお、裁判以外の方法について行政機関や民間の紛争解決機関を利用する場合を裁判外紛争解決手続（ADR）と呼んでいます。

非訟事件

私人間の法律関係について裁判所が訴訟手続によらずに簡易な手続で処理する事件を非訟事件といいます。相続放棄の申述の受理や氏名の変更などが非訟事件に含まれます。

2 民事訴訟法の構造と基本原則

どんな構造になっているのか

　民事訴訟法は、約400の条文から成り、8つの編で構成されています。民事訴訟法を理解する上で重要な視点として「民事訴訟法の円環的構造」というものがあります。民事訴訟の手続は全体で一つのまとまった手続となるので、手続のある部分を理解しようとした場合は、手続全体の理解が前提となります。

　したがって、学習の途中で十分に理解できない項目があったとしても、まずは一度全体を通して学習する必要があります。

民事訴訟法の関連法

　民事訴訟は、私人同士の権利義務や法律関係に関する争いですので、紛争の本質ともいえる個人の権利義務や法律関係について、「どのような場合に、どのような法的効果が発生するか」を定めた法律に従います。前の項目で学習したように、このような法律は実体法と呼ばれ、民事訴訟法などの手続法とは区別されています。そして、民事訴訟において適用される実体法としては、主に民法や商法・会社法が挙げられます。

　また、手続法の中でも役割分担を図っています。つまり、国会の審議や議決を経て制定する法律と、最高裁判所が制定する規則との区別です。民事訴訟においては、法律として民事訴訟法が制定され、規則として民事訴訟規則が制定されています。民事訴訟規則とは、憲法77条1項の規則制定権に基づいて、最高裁判所が制定する民事訴訟の手続に関する細則（細かい事項を定めた規則のこと）をいいます。

● 民事訴訟法の体系 ●

民事訴訟法の主な構造 民事事件の裁判手続について定めた法律

第1編　総　則（裁判所・当事者など）
第2編　第一審の訴訟手続（口頭弁論・証拠調べ・判決など）
第3編　上　訴（控訴・上告・抗告）
第4編　再　審
（※第5編以下は特則を定めている）

実体法
民　法
商　法
会社法

実現

手続法

民事訴訟法
⇒重要な事項や
大まかな部分

民事訴訟規則
⇒細かな事項を
具体的に規定

（例）訴えの提起→訴状の提出が必要（民事訴訟法）
　　　　　　　　訴状の具体的記載事項（民事訴訟規則）

　基本的には、訴訟手続の大まかな部分や訴訟当事者の重要な権利義務については民事訴訟法が規定し、民事訴訟規則は民事訴訟法の委任を受ける形で、抽象的な民事訴訟法の内容を具体化する規定を置いているというイメージです。たとえば、訴えの提起をする場合に、原告が裁判所に対して訴状を提出することは、民事訴訟法が規定しています。しかし、提出する訴状の書面の方式や記載事項、その他添付書類として必要な書類などの細かい事項は、民事訴訟規則が規定しています。

民事訴訟法の基本的な理念

　民事訴訟の基本的な理念は、私人間の紛争を適正、公平、迅速、低廉に解決することにあります。

① 適正性・公平性

　適正かつ公平な裁判を受けることは、憲法で保障されている

個人の重要な権利です。そのため、民事訴訟の手続を適正かつ公平に進行する必要があることはもちろん、裁判の内容に関しても、真実に基づいて、当事者が納得できるような適正かつ公平な内容であることが必要不可欠といえます。裁判所が当事者の一方だけを優先する態度をとったり、真実に反する内容の裁判をするのでは、不利益を受ける当事者はもとより、国民の裁判所に対する信頼も大きく揺らぐからです。

そこで、裁判が真実に基づき適正な手続に沿って行われるようにする（適正性）という観点から、裁判の公開原則などを規定していると考えられています。また、具体的な民事訴訟の手続においては、訴訟の当事者に対して、対等に主張・立証をする機会を保障しています（公平性）。

② 迅速性・低廉（訴訟経済）

民事訴訟の手続については、当事者や裁判所の時間的、経済的な負担に対しても、一定の配慮が必要です。裁判所の運営は国民の税金によってまかなわれているので、その運営に要する費用をできる限り低額に抑える要請が働きます（低廉）。このことを民事訴訟法においては訴訟経済と呼んでいます。

いくら当事者に対して裁判を受ける機会を保障しても、審理が延々と続くようであれば、それは民事訴訟の手続による紛争解決が期待できないことを意味します。つまり、合理的といえる時間的範囲の中で紛争が解決されてこそ、私人間の紛争解決手段としての民事訴訟の有効性が認められるということです。

そのために民事訴訟法は、たとえば攻撃防御方法（当事者による陳述や証拠の申出のこと）の提出に関しては、当事者に対して適切な時期に行うことを義務付けています（攻撃防御方法の適時提出主義といいます）。さらに、同じような紛争が何度

第1章 ■ 民事訴訟の原則

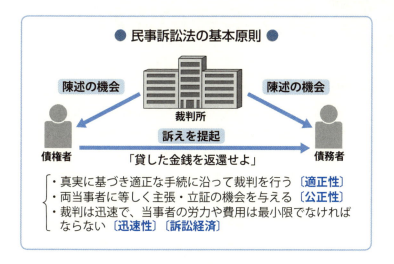

も繰り返されないように、確定した判決の内容と矛盾する主張を認めない（確定判決の既判力といいます）などの強力な効力を認めています。

訴訟手続の期間についても、「裁判の迅速化に関する法律」によると、原則として第一審の手続は2年以内に終えることを求めています（迅速性）。もっとも、たとえば患者が病院側を被告として、医療ミスによる損害賠償を求める訴訟など、紛争を解決するのに極めて専門的な医療知識が必要になる場合があります。裁判を担当する裁判官は、必ずしもあらゆる専門分野の知識に詳しいわけではありませんので、このような専門分野に関する訴訟は、特に審理に時間がかかる傾向にあります。

そこで、民事訴訟法は、専門的知識について裁判官の知識を補い審理を迅速化するため、専門委員制度など、訴訟手続の停滞を防ぐことを目的とした規定を設けることによって、当事者の迅速な裁判を受ける権利を保障しています。

3 訴訟手続の流れ

民事訴訟の理想

　民事訴訟は、私人間の法律関係について紛争が生じた場合に、裁判所という公的な機関が解決を与える制度です。

　自力救済が禁止されている社会において、国民から紛争解決を委ねられた裁判所は、裁判の手続や内容について訴訟当事者が納得するように、適正な訴訟運営を行う必要があります。

　また、真実に基づく裁判をするため、審理に慎重さが求められることは間違いありませんが、訴訟が延々と続いてしまうようでは、実質的に紛争を解決したとはいえません。そのため、審理は計画的に行われる必要があり、経済的負担も小さくすることが理想的です。このように、訴訟当事者の精神的・経済的な負担を最小限にとどめることを訴訟経済といいます。

どんな手続になっているのか

　民事訴訟では、訴えを提起した原告と、訴え提起の相手方である被告とに分かれ、訴訟当事者（原告と被告）が積極的・主体的に活動する一方、裁判所は、訴訟当事者の双方の言い分を聴いた上で、中立的な立場から判断を行います。このように、訴訟当事者に主導権を認める審理方式を当事者主義といいます。

　当事者主義の下では、①訴訟の開始・終了や、審判の対象（訴訟物といいます）の特定に加えて、②裁判所による判断の基礎となる事実の主張や証拠の収集・提出についても、当事者の判断に委ねられています。①を処分権主義といい、②を弁論主義といいます。

第1章 ■ 民事訴訟の原則

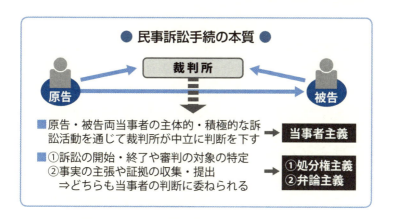

訴えの提起から口頭弁論まで

民事訴訟では、①訴えを提起して裁判所の判断を求めるかどうか（訴訟の開始）、②裁判所の判断を求めるにしても、どの権利についてどの範囲で判断してもらうか（審判の対象の特定）、③訴訟中であっても判決によらずに訴訟を終了させるかどうか（訴訟の終了）などについて、当事者（原告や被告）に決定権が与えられています。これを処分権主義といいます。

そのため、原告が裁判所に訴えを提起しない限り、民事訴訟が開始されることはなく、裁判所が勝手に民事訴訟を開始することは認められていません（「訴えなければ裁判なし」の原則）。

訴えの提起は、裁判所に訴状という書面を提出して行います。訴状には、原告・被告の氏名・住所の他、原告が求める判決の内容（請求の趣旨）、請求の趣旨を根拠付ける具体的な事実（請求の原因）を記載しなければなりません。これらの事項を必要的記載事項といい、1つでも欠ければ訴状を受け付けてもらえません。これを訴状の却下といいます。

訴えの提起を受けた裁判長は、訴状に不備がないかを審査し、

不備がなければ、被告に訴状を送達するとともに、最初の口頭弁論期日を指定して原告と被告を裁判所に呼び出します。

なお、訴えを提起すると、同一の訴えを重ねて起こすことができなくなります（二重起訴の禁止）。また、訴えによって判断を求めている権利について時効の完成が猶予されます。

口頭弁論の中身

原告や被告、弁護士などの訴訟代理人が、公開の法廷で、裁判官に対し、争いとなっている権利義務や法律関係について互いに主張を述べ合い、その主張を裏付ける証拠を提出するなど、攻撃防御を行うことを口頭弁論といいます。

口頭弁論においては、どのような事実を主張し、どのような証拠を提出するのかは、当事者の判断に委ねられています。これを弁論主義といいます。弁論主義は当事者の意思を尊重するものであることから、裁判所による判決は、当事者が主張する事実や提出する証拠に基づいて行わなければなりません。

ただし、訴訟の手続をどのような順番で行うか、どの程度のスピードで進めていくかといった訴訟の進行については、裁判所が主導権を握っています。これを職権進行主義といい、民事訴訟がその理念として掲げる迅速な裁判と訴訟経済に適した裁判を実現するために認められています。

つまり、訴訟の内容面では当事者に主導権を与えながら、手続面では裁判所が指揮して訴訟を進めていくことになります。

口頭弁論の終結から判決まで

口頭弁論において当事者の主張を聞き、当事者から提出された証拠をもとに、判決をするのに十分な材料がそろったと判断

すれば、裁判所は、口頭弁論の終結を宣言し、判決言渡しの日を指定します。指定された日に裁判所が判決を言い渡すと、判決書の正本が当事者に送達されます。その後、2週間を経過しても上訴（控訴や上告）がなければ、判決が確定します。判決の確定によって、同一の当事者間では、同じ事項について別途争うことができなくなります。これを既判力といいます。

たとえば、AがBに対して貸金の返還を求める訴えを起こした場合、裁判所がAの主張を認めて、Bに対して借りたお金の返還を命じる判決をしたときは、「AのBに対する貸金返還請求権は存在する」という事項に既判力が生じます。そのため、後日BがAの貸金返還請求権が存在しないことを争ったり、また裁判所がこれに矛盾する判断をすることはできなくなります。

上訴、再審

口頭弁論が終結し、判決が言い渡された場合でも、判決に不服のある当事者は、判決が確定するまでであれば、判決の取消しや変更を求めて不服申立てをすることができます、これを上訴といいます。上訴には、第一審の判決に対する不服申立てである「控訴」と、控訴審に対する不服申立てである「上告」があります。たとえば、第一審裁判所が簡易裁判所であった場合、第一審の判決に不服があれば地方裁判所に控訴を行い、控訴審の判決に不服があれば高等裁判所に上告を行います。

これに対し、判決が確定した後に、民事訴訟法が規定している再審事由がある場合は、その判決の取消しと事件に関する新たな判決を求めることができます。これを再審といい、確定判決をした裁判所に対して再審請求を行います。

4 通常訴訟以外の訴訟手続

特別訴訟とは

　民事訴訟を大きく２つに分類すると、通常訴訟と特別訴訟に分けることができます。通常訴訟とは、民事訴訟法が規定する手続によって進められる通常の訴訟のことをいいます。一方、特別訴訟とは、その訴訟の性質に対応した特別法（特定の事項につき適用される法律のこと）の適用を受ける特別な訴訟のことをいいます。

　たとえば、婚姻、親子関係、養子縁組などの身分関係の紛争を解決する特別な訴訟を人事訴訟といいますが、人事訴訟では、民事訴訟法の特別法である人事訴訟法が優先的に適用され、通常訴訟とは異なる手続によって進められます。また、民事訴訟法が規定する少額訴訟や手形訴訟・小切手訴訟も、通常訴訟とは異なる簡易迅速な手続によって進められるため、人事訴訟と同様、特別訴訟に分類することができます。

簡略な手続による訴訟にはどんなものがあるのか

　通常訴訟においては、紛争解決を適正かつ公平に行うことが重視されることから、手続が複雑になり、判決までに時間を要し、費用も相当程度負担しなければなりません。そのため、通常訴訟は国民にとって利用しにくい面もあります。そこで、簡易迅速な紛争解決を図り、費用負担を抑える訴訟類型として、支払督促や少額訴訟などが用意されています。

　支払督促は、債権者が債務者に対して金銭の支払いを求める場合によく利用される制度です。債権者は、支払督促申立書を

第1章 ■ 民事訴訟の原則

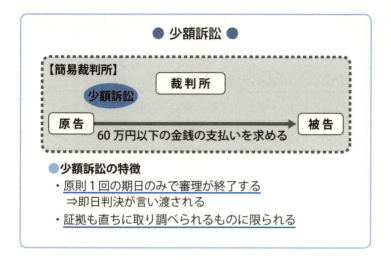

簡易裁判所に送付して申し立てるだけでよく、証拠を提出する必要はありません。債務者の言い分を聞く手続も行われません。簡易裁判所は、債権者からの申立てに理由があると認めるときは、債務者に対して、金銭の支払いなどを命じる支払督促を発付します。支払督促の発付に対して、債務者から異議の申立てがなければ、強制執行手続に移行します。

　少額訴訟は、60万円以下の金銭支払いを求める場合に利用される制度です。原告と被告が簡易裁判所に出頭し、原則として1回の口頭弁論で審理が終わり、即日判決が言い渡されます。

　さらに、手形訴訟と小切手訴訟も簡易迅速な手続による民事訴訟の例として挙げられます。これらの訴訟は、手形や小切手による金銭の支払いを求める場合に利用されるものです。少額訴訟と同様に、原則として1日の口頭弁論で審理される他、提出を要する証拠についても書証（手形や小切手の原本）に限るなど、手続が簡略化されています。

5 請求・事実・証拠の関係

請求のレベルは処分権主義

　民事訴訟においては、請求・事実・証拠の関係を理解しておく必要があります。

　たとえば、AがBに対して200万円を貸したが、Bが返済期日を過ぎても返さない場合を例に考えてみましょう。

　まず、裁判所に訴えを提起するかどうかは、原告となるAの自由な判断に委ねられます。また、訴えを提起するにしても、200万円全額の返還を請求するのか、100万円だけ返還してもらえるよう請求するのかなど、審判の対象（訴訟物）についてもAが決定します。このように民事訴訟では、訴訟の開始（請求をするかどうか）や、訴訟で何を請求するのかなどについて、当事者の意思を尊重する処分権主義を採用しています。

事実と証拠のレベルは弁論主義

　Aが200万円全額の返還を請求する場合は、「BはAに対し、200万円を支払え」という判決を勝ち取ることが訴訟の目的となります。Aの請求が認められるには、その前提としてAがBに対し「貸したお金を返せ」と主張できる権利（貸金返還請求権）をもっていなければなりません。

　ここで貸金返還請求権が認められるには、①AがBにお金を貸した事実（金銭授受の事実）、②BがAに借りたお金を返すと約束した事実（返還の約束）の他、③AとBが支払期日について合意した事実、④支払期日が過ぎた事実が必要です。つまり、AのBに対する貸金返還請求権は、金銭授受や返還の約束

処分権主義と弁論主義

貸主A

200万円を貸したが返済されない

借主B

- **貸主Aが以下の事項を決定できる ∴ 処分権主義**
  ①裁判所に訴えを提起するかどうか
  ②裁判所に訴えを提起したとして、200万円全額の返還を求めるか、100万円の返還だけを求めるかなど
- **貸主Aが訴訟を提起する場合**
  ⇒Aはどのような主要事実を主張し、いかなる証拠を提出するのかを決定できる ∴ **弁論主義**

などの事実がなければ認められないのです。①〜④に掲げられた事実は、貸金返還請求権を認めるための要件であって、要件事実といわれています。そして、①〜④の要件事実に該当する具体的な事実は主要事実と呼ばれ、Aは借用書や振込明細書などの証拠を裁判所に提出して、主要事実を認めてもらうよう訴訟活動を行うことになります。

これに対し、裁判所は、当事者が主張した主要事実や提出した証拠のみに基づいて、主要事実があるか否かを判断しなければなりません。口頭弁論では弁論主義を採用するので、何を主張するか、どのような証拠を提出するかは当事者が決めることができ、裁判所が勝手に証拠を収集したり、当事者が主張しない主要事実に基づいて判断することはできないからです。

このように民事訴訟では、請求については処分権主義を、主要事実の主張や証拠の収集については弁論主義を採用し、当事者が主体的に訴訟活動を行うことを保障しています。

Column

判決を勝ち取れば終わりではない？

　たとえば貸金返還請求訴訟で、原告（貸主）が勝訴しても、それだけで被告（借主）から、当然に金銭の支払いを受けることができるわけではありません。被告が支払いを拒むような場合に、原告が支払いを受けられない状態を認めてしまうと、原告が勝訴判決を受けた意味がなくなってしまいます。そのため、強制的に訴訟で勝ち取った請求権を実現する手続があります。それが民事執行法に基づいた強制執行手続です。

　強制執行手続を実施する機関は、裁判所と執行官です。ここでいう裁判所は、判決手続を担当する裁判所とは別で、執行裁判所と呼ばれています。判決手続と執行手続が明確に分けられており、執行裁判所は、請求権が本当に存在するのかを判断することなく、執行手続のみを担当します。そのため、強制執行手続を行う際に、債権者（原告）は自己の請求権が正当であることを示す書類を提出する必要があります。これは債務名義と呼ばれており、債務名義にあたるものとして、判決手続における勝訴判決や、裁判上の和解が成立した場合における和解調書などが挙げられます。原則として債務名義とそれが効力をもつことを示す文書（執行文）をつけることで、強制執行手続を申し立てることができます。

　強制執行の対象は、主に、不動産、動産、債権です。これらの対象物について差押えを行い、対象物を金銭に代えることができれば（換価）、その金銭が債権者に配当されることで、債権の回収が実現されます。なお、動産執行を行う場合には、物の占有や引渡しなどの事実行為が必要になりますが、その職務を担うのが執行官です。

第2章
訴訟手続の開始

1 訴え、訴えの種類

訴えとは

訴えとは、原告（訴えを起こす者）が、被告（訴えを起こされる者）との間の権利関係について争いが生じた場合に、自分の主張が正しいのか、自分の権利が認められるかを、公正中立な裁判所に判断してもらうための申立てのことです。

訴えの提起は、原則として裁判所に訴状と呼ばれる書面を提出することで行います。

訴えの種類

訴えには、①給付の訴え、②確認の訴え、③形成の訴えという3つの種類があります。

給付の訴えとは、たとえば「被告は原告に対し100万円を支払え」「被告は原告に対し○市○区○丁○番の土地を明け渡せ」など、被告に対して特定の行為（給付）を請求する訴えのことです。原告の主張を裁判所が認めた場合は、「被告は原告に対し100万円を支払え」など、被告に対して特定の行為（給付）を命じる判決（給付判決）を言い渡すことになります。

給付判決が確定すれば、判決書をもとに強制執行によって、原告は「被告に貸した100万円」など、被告に対する債権の回収を実現することができます。これを執行力といい、給付判決にのみ認められています。

確認の訴えとは、たとえば「○市○区○丁○番の土地は原告の所有であることの確認を求める」など、原告が特定の権利義務関係の存在や不存在の確認を求める訴えのことです。原告の

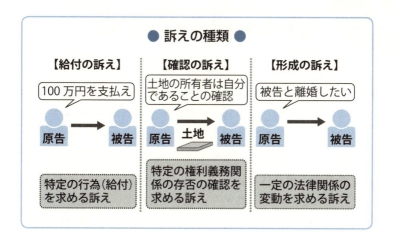

主張が認められれば、「原告が土地の所有者である」など、特定の法律関係の存在や不存在が決定されます。土地の所有権を争っている場合の他、借金を返済したのに債権者から返済を催促されている場合（債務不存在確認の訴え）、親子関係がないことを確認したい場合（親子関係不存在確認の訴え）などに利用されています。

ただし、確認の訴えで原告が勝訴しても、被告に対して特定の行為を義務付けることはできません。たとえば、土地の不法占拠者に対して、土地の明渡しを請求したい場合は、確認の訴えではなく、給付の訴えを起こす必要があります。

形成の訴えとは、たとえば原告が被告と離婚したいが被告が離婚に同意しない場合に、「原告と被告を離婚する」という判決を求めて訴えを提起することです。原告の主張が認められれば、夫婦関係にあった原告と被告は、判決によって夫婦ではなくなるという効果が形成されます。離婚訴訟の他にも、株主総会決議取消訴訟などが形成訴訟に含まれます。

2 訴え提起の方法

訴状とは

　訴えを起こす際に、裁判所に提出する書面を訴状といいます。訴状には、①当事者・法定代理人、②請求の趣旨、③請求の原因を必ず記載しなければなりません（必要的記載事項）。

① 当事者・法定代理人

　原告と被告の氏名・住所を記載することで、民事訴訟の当事者を確定します。訴訟能力がない者（未成年者や成年被後見人など自ら訴訟を追行できない者のこと）については、誰が訴訟を行うのかを明確にするため、法定代理人（親権者や後見人など）の氏名・住所を記載する必要があります。

② 請求の趣旨

　原告が求める判決の内容を記載します。たとえば、「被告は原告に対し金100万円を支払えとの判決を求める」や「○市○区○番地の土地は原告の所有であることを確認するとの判決を求める」など、判決主文と同じ言葉を用いて記載します。

③ 請求の原因

　請求の趣旨は抽象的であるため、これを特定するのに必要な事実を請求の原因として記載します。たとえば、貸金返還請求訴訟であれば、「平成○年○月○日に成立した金銭消費貸借契約に基づき原告が被告に100万円を交付した」などと記載します。

訴状提出後の補正命令

　裁判所に訴状が提出されると、裁判長が、訴状に必要的記載事項が記載されているか、訴額に応じた印紙が貼付されている

第2章 ■ 訴訟手続の開始

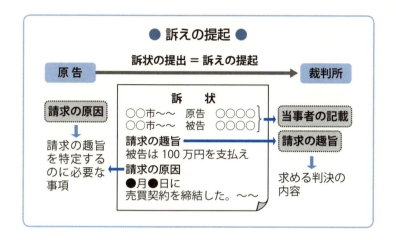

かといった訴状の形式面を審査します。不備があれば、裁判長は原告に対し、相当期間を定めて補正を命じます。

補正とは、足りないところを補って、誤りを正すことを意味します。たとえば、請求の原因が記載されていなければ、裁判長は原告に対し「○月○日までに請求の原因を書き加えなさい」といった補正命令を出すことになります。指定された期間内に補正されなければ、訴状が却下されます。

答弁書とは

答弁書とは、訴状に記載された請求の趣旨に対する答弁や、請求の原因に対する認否・反論などを記載して、被告が最初に提出する準備書面のことです。被告は、第1回口頭弁論期日までに答弁書を提出すれば、第1回口頭弁論期日に欠席しても、答弁書に記載された内容を被告が陳述したとみなされます。これを擬制陳述といいます（簡易裁判所では第2回以降の口頭弁論期日においても擬制陳述が認められます）。

訴状のサンプル

訴　　状

平成○○年○○月○○日

○○地方裁判所　御中

原告訴訟代理人弁護士　○　○　○　○　㊞

〒○○○－○○○○　　○○県○○市○○区○○町○○丁○番○号
　　　　　　　　　　原　告　　○　○　○　○
〒○○○－○○○○　　○○県○○市○○区○○町○○丁○番○号
　　　　　　　　　　○○○○法律事務所（送達場所）
　　　　　　　　　　同訴訟代理人弁護士　○　○　○　○
　　　　　　　　　　電　話　000－0000－0000
　　　　　　　　　　ＦＡＸ　000－0000－0000
〒○○○－○○○○　　○○県○○市○○区○○町○○丁○番○号
　　　　　　　　　　被　告　　○　○　○　○

貸金等返還請求事件
訴訟物の価額　　　　１００万円
貼用印紙額　　　　　１０，０００円

第1　請求の趣旨

1　被告は、原告に対し、金100万円及びこれに対する平成○○年○○月○○日から支払済みまで年○分の割合による金員を支払え。
2　訴訟費用は被告の負担とする。
上記判決並びに仮執行宣言を求める。

第2　請求の原因

1　原告は、平成○○年○○月○○日、被告との間で、次の約定に基づいて、金銭消費貸借契約を締結し、被告に対し、金100万円を貸し付けた。
　(1)　弁済期　平成○○年○○月○○日
　(2)　利　息　年○分
2　被告は、弁済期が経過した後も、元金及び利息の返済をしない。
3　よって、原告は被告に対し、被告に対する金銭消費貸借による支払い債務の履行として、金100万円の支払いと訴状送達の翌日から完済まで年○分の割合の遅延損害金の支払いを求める。

証拠方法

1　甲1号証　借用書
2　甲2号証　通知書

附属書類

1　訴状副本　　　　　　　　　　　　　　　　　　　　　1通
2　甲1ないし○号証（写し）　　　　　　　　　　　　　各1通
3　訴訟委任状　　　　　　　　　　　　　　　　　　　　1通

答弁書のサンプル

平成○○年（ワ）第○○号　貸金等返還請求事件

原　告　　○　○　○　○
被　告　　○　○　○　○

答　弁　書

平成○○年○○月○○日

○○地方裁判所第○民事部　御中

　〒○○○－○○○○　　　　○○県○○市○○区○○町○○丁○番○号
　　　　　　　　　　　　　　○○○○法律事務所（送達場所）
　　　　　　　　　　　　　　被告訴訟代理人弁護士　○　○　○　○　㊞
　　　　　　　　　　　　　　電　話　000-0000-0000
　　　　　　　　　　　　　　FAX　000-0000-0000

第1　請求の趣旨に対する答弁
　1　原告の請求をいずれも棄却する。
　2　訴訟費用は原告の負担とする。

第2　請求の原因に対する認否
　1　請求原因1は全て認める。
　2　請求原因2は否認ないし争う。
　3　請求原因3は否認ないし争う。

第3　被告の主張
　1　被告は、原告に対し平成○○年○月○日、本件貸金債務につき金○○万円を返済した。
　2　仮に上記が認められない場合、原告の本訴提起のときに、すでに最終弁済期日から10年を経過しているので、被告は本答弁書をもって消滅時効を援用する。

上記のとおりであるから、原告の請求は理由がない。

証拠方法

1　乙○号証　　○○○○
2　乙○号証　　○○○○

附属書類

1　乙○ないし○号証（写し）　　　　　　　　　　　　　各1通
2　訴訟委任状　　　　　　　　　　　　　　　　　　　　1通

3 訴訟要件

訴訟要件とは

　訴訟要件とは、本案判決をするために必要となる要件のことをいいます。**本案判決**とは、原告が訴えを提起して主張する権利や法律関係について、裁判所が示す判断のことをいいます。

　私人間に争いが生じたときに、訴えが提起されます。民事訴訟において、原告は「自らの請求を認容する」という裁判所の判断を求め、被告は「原告の請求を認容しない」とする裁判所の判断を求めます。裁判所は、原告が請求した内容（本案といいます）を判断して、争いを終結させる役割を担います。

　しかし、裁判所が当事者の間の争いについて判断すべきとはいえない場合もあります。たとえば、A宗教を信仰している者とB宗教を信仰している者が、お互いに自らの宗教が正しいと主張していたとします。このとき、裁判所が「A宗教が正しい」「B宗教が正しい」などと判断すべきではありません。どのような宗教が正しいかという問題は、法や客観的な事実をもって解決できないからです。また、裁判所が裁判という国家権力を利用して、いずれかの宗教が正しいと判断することは、正しいと判断されなかった宗教を否定することにつながります。つまり、このような問題に対して、裁判所が判断する必要性は低く、また判断することは不適切であるともいえます。

　このように、裁判所が私人間の争いについて判断することが不必要・不適切である場合は、判断することなく訴訟を終了させなければなりません。そのために訴訟要件が必要になります。

　訴訟要件は本案判決の要件であるため、口頭弁論終結時（審

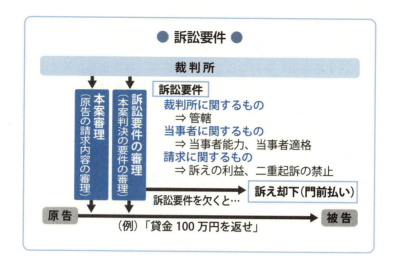

理が終わる時)に備えている必要があります。民事訴訟の手続としては、訴訟要件の審理と本案審理(原告の請求内容に理由があるか否かを審理すること)とを区別する方法も考えられます。この場合、まず訴訟要件の審理を先に行い、訴訟要件を備えていることが認められた後に、本案審理へと移行します。

しかし、わが国の民事訴訟法は、両者を区別して審理する方法を採用しておらず、訴訟要件の審理と本案審理の先後は、裁判所の訴訟指揮に委ねられています。このことから、訴訟要件は本案審理のための要件ではなく、本案判決のための要件であると解されているのです。

どのようなものが訴訟要件となるのか

訴訟要件については、①裁判所に関するもの、②当事者に関するもの、③請求に関するもの、④訴え提起の手続に関するものという視点から分類することができます。

① 裁判所に関するもの

　裁判所が原告の主張する請求につき、裁判権（法律上の争訟を裁判する権限）を持つことや、管轄権（裁判権を行使するための権限）を持つことが、裁判所に関する訴訟要件です。

② 当事者に関するもの

　民事訴訟の当事者（原告と被告）が実在すること、当事者能力を持つこと、当事者適格（訴訟を追行して判決を受ける資格のこと）を持つことなどが、当事者に関する訴訟要件です。

③ 請求に関するもの

　原告の主張する請求につき、訴えの利益がある、二重起訴の禁止に反しない、再訴禁止や別訴禁止に反しない、不起訴の合意や仲裁合意をしていないなどが、請求に関する訴訟要件です。

④ 訴え提起の手続に関するもの

　訴状の送達や受領などが訴訟能力を持つ者によって行われていること、訴訟費用の担保が必要な場合に担保提供がなされていることなどが、訴えの提起の手続に関する要件です。

訴訟要件の調査など

　訴訟要件には、積極的訴訟要件と消極的訴訟要件という分類もあります。積極的訴訟要件は訴訟要件の「存在」が本案判決に要求されるものであり、消極的訴訟要件は訴訟要件の「不存在」が本案判決に要求されるものです。管轄権、当事者適格、訴えの利益などは、積極的訴訟要件です。一方、二重起訴の禁止、不起訴の合意、仲裁合意などは、消極的訴訟要件です。

　その他、職権調査事項か否かによる分類もあります。職権調査事項とは、当事者の主張を待つことなく、裁判所が職権で存否を調査すべき事項です。民事訴訟の手続は、原則として、本

案判決の内容となる事実の主張や資料の提出を当事者に委ねています。しかし、本案判決をすべきか否かの判断は当事者に委ねるべきではなく、裁判所が判断すべき事項であるため、訴訟要件の多くは職権調査事項です。職権調査事項にあたらない訴訟要件は、仲裁合意の不存在と訴訟費用の担保提供の存在の2点です。どちらも被告の利益保護を目的とした訴訟要件であるため、被告からの主張を要すると解されています。

また、職権調査事項にあたる訴訟要件のうち、公益性の強い事項は職権探知主義が妥当します。職権探知主義とは、資料の収集を当事者のみではなく、裁判所が必要に応じて補完すべき（裁判所による資料の収集を認める）とする原則のことです。裁判権の有無、当事者能力、二重起訴の禁止などがあります。

却下判決と棄却判決、訴訟判決と本案判決の違い

訴訟要件が欠ければ、原告の提起した訴えは、不適法として却下されます。却下判決とは、訴訟要件を欠くため、裁判所が原告の主張した請求内容の当否を判断することなく、その訴えを退ける判決のことです。本案判決との対比で訴訟判決と呼ぶこともあり、一般にいう「門前払い判決」にあたるものです。

一方、棄却判決とは、訴訟要件が充たされている訴えを裁判所が受理した後、原告の請求内容の当否を判断した上で、請求に理由がないとして、原告の訴えを退ける判決のことです。棄却判決は本案判決のひとつです。本案判決とは、訴訟要件を備えた原告の訴えについて、権利義務や法律関係の存否などに踏み込んで審理を行い、原告の請求内容の当否を判断した判決のことです。原告の請求を認めるのが認容判決、認めないのが棄却判決です。

4 二重起訴の禁止

二重起訴の禁止とは

　裁判所において、すでに訴訟が行われている場合に、当事者がこれと同一の事件について、さらに訴えを起こすことはできません。これを二重起訴の禁止（重複起訴の禁止）といいます。

　たとえば、AとBが消費貸借契約を締結し、AがBに100万円を貸したとします。100万円を返還するように、Aが裁判所に訴えを提起したのに、AがBを被告として、さらに同じ消費貸借契約に基づく100万円の返還を請求することはできません。

　二重起訴が禁止されていないとすると、Bは、Aの再度の100万円の返還請求訴訟に応じなければなりません。同じ内容の訴訟に何度も応じなければならないのは、被告にとって大きな負担となります。また、二重起訴は裁判所にも負担をかけます。裁判所の人員などは限られており、何度も同じ訴訟を提起するのは、訴訟経済に反するといえます。さらに、同じ内容の訴訟を許容すると、矛盾する内容の判決が言い渡されるおそれもあります。以上の趣旨から二重起訴は禁止されます。

二重起訴にあたるかの判断

　二重起訴の禁止は、裁判所に係属する事件と同一の事件について、さらに訴えの提起を認めないものです。そのため、二重起訴にあたるか否かの判断は「事件の同一性」により行います。具体的には、①当事者の同一性、②訴訟物（審判の対象）の同一性を検討し、①②がともに肯定できる場合に限り、二重起訴にあたると判断すべきであると解されています。

第2章 ■ 訴訟手続の開始

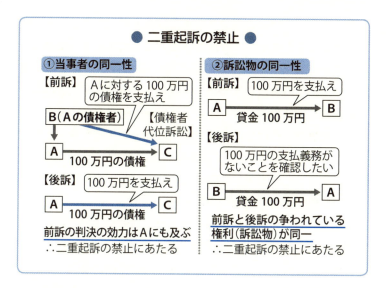

① 当事者の同一性

　後から提起した訴え（後訴）の当事者が、すでに提起されている訴え（前訴）と同じである場合に、当事者の同一性を認めることができます。たとえば、AがBに対して100万円の返還を求める訴えを提起し、その後、同じくAが100万円の返還を求める訴えをBに提起した場合です。また、AがBに対して、甲土地の所有権がAにある旨の確認を求める訴えを提起し、その後、BがAに対して、甲土地の所有権がBにある旨の確認を求める訴えを提起した場合、前訴と後訴で原告と被告が入れ替わっていますが、当事者の同一性を肯定することができます。

　さらに、前訴の判決の効力を受ける者が後訴の当事者となる場合も、当事者の同一性を肯定して、二重起訴の禁止にあたると判断します。たとえば、Aの債権者Bが、Cに対して、Aの代わりにAのCに対する貸金の返還を求める訴えを提起した後、

AがCに対して貸金の返還を求める訴えを提起することは二重起訴にあたります。Aの債権者Bが起こした訴えは「債権者代位権」の行使といい、Aが行使しない第三者Cに対する債権について、Aの債権者Bが訴えを提起するものです。この場合、BはAのために原告となった者（法定訴訟担当といいます）であり、民事訴訟法はBの受けた判決の効力がAにも及ぶと規定しているので、前訴のBと後訴のAは実質的に同一の当事者と判断することができ、当事者の同一性を肯定できるからです。

② 訴訟物（審判の対象）の同一性

訴訟物（審判の対象）の同一性とは、判例が採用する旧訴訟物理論（訴訟物理論については後述します）を前提とすると、原告が被告に対して主張する実体法（民法や商法など）上の権利や法律関係が、前訴と後訴で同一と認められることです。旧訴訟物理論とは、実体法上の権利や法律関係（実体法上の請求権）が訴訟物であるとする考え方です。なお、訴訟物の同一性については、権利や法律関係が同一である場合だけではなく、前訴と後訴の主要な争点が共通している場合も、訴訟物の同一性を肯定すべきと考える見解も有力に主張されています。

たとえば、AがBに対し「貸金100万円の返還」を求める訴えを提起し、その後、Aが同じ「貸金100万円の返還」を求める訴えをBに対し提起した場合は、前述した当事者の同一性とともに、訴訟物の同一性を肯定できます。

また、AがBに対して甲土地の所有権の確認を求める訴えを提起し、その後、BがAに対して甲土地の所有権の確認を求める訴えを提起した場合、通説は訴訟物の同一性を肯定できると考えます。この場合、前訴の訴訟物は「Aの」甲土地の所有権の確認であるのに対し、後訴の訴訟物は「Bの」甲土地の所有

権の確認であるため、2つの訴訟は訴訟物が異なります。

しかし、両方の訴訟物は矛盾対立の関係にあり（一方の甲土地の所有権を認めると、他方は甲土地の所有権を失うという関係にあります）、判決の矛盾抵触が生じるおそれがあることから、訴訟物の同一性を肯定すべきとする考え方があります。また、訴訟物は異なるが、主要な争点が共通であるから、同じく訴訟物の同一性を肯定すべきとする考え方もあります。

さらに、訴えの種類が異なっても、請求の対象となる権利や法律関係が同一である場合は、訴訟物の同一性を肯定できます。

たとえば、AがBに対し「貸金100万円の返還を求める」訴え（給付の訴え）を提起し、その後、BがAに対し「100万円の貸金債務は存在しないことの確認を求める」訴え（確認の訴え）を提起したとします。この場合、前訴と後訴では原告と被告が入れ替わっており、訴えの形式も異なります。しかし、前訴と後訴で争われているAB間の権利や法律関係は「貸金100万円」と同じです。この点から、訴訟物の同一性を肯定できます。

二重起訴の禁止の効果

二重起訴の禁止は訴訟要件であり、これが存在しないことが本案判決をするのに必要です。また、当事者の主張を待たずに、裁判所が職権で存否を調査すべき事項であり、公益性が高いといえます。そのため、二重起訴の禁止は職権調査事項であり、職権探知主義が採用されます。二重起訴の禁止にあたる場合は、後訴が却下されます（却下判決）。裁判所が、二重起訴にあたるにもかかわらず、それに気づかないまま、後訴について判決を言い渡した場合、上訴によりその判決の取消しを求めることができます。

5 訴えの利益

訴えの利益とは

　裁判所に訴えを提起して判決を得るためには、そうするだけの必要性と実効性が必要になります。この訴えの必要性（判決をすることの必要性があるか）と実効性（判決によって紛争の実効的な解決が期待できるか）を訴えの利益といいます。

　訴えの利益を欠く原告の訴えについては、裁判所が請求内容に立ち入って審理する実益がないため、その訴えは却下されます（却下判決）。したがって、訴えの利益は、裁判所が本案判決をするための訴訟要件のひとつと考えられています。

　給付の訴え、確認の訴え、形成の訴えに共通する訴えの利益としては、下記のものが必要とされています。
① 具体的な権利義務や法律関係に関する争いで、法を適用して解決できること（法律上の争訟にあたること）。
② 二重起訴の禁止に該当しないなど、訴えを提起することが法律上禁止されていないこと。
③ 当事者間で訴訟をしないことの合意（不起訴の合意）が存在しないこと。
④ 通常訴訟以外の簡便な手段が法律で定められていないこと。
⑤ 訴えの濫用にあたらないこと。

給付の訴えの利益

　給付の訴えは、原告が被告に対して、給付（特定の行為）を求めて提起します。そのため、給付の訴えを提起するには、履行期が過ぎても被告が義務を履行していないことが必要です。

> ● **訴えの利益** ●
>
> **訴えの利益** 判決をする必要性と実効性があること
> - **必要性** 判決をする必要があるのか
> - **実効性** 判決によって紛争の解決が望めるのか
>
> **家屋の賃貸借契約**
>
> 貸主A（大家）・・・・・・・・・・・・・・・借主B
>
> 5か月後の賃料を支払え（将来給付の訴え）
>
> 【原則】履行期未到来のため、判決の必要性・実効性がなく、訴えの利益がないので、訴えは却下される（却下判決）
> 【例外】履行期到来部分に不履行があれば、将来部分の履行も期待できず、給付請求の必要性があり、訴えの利益が認められる

たとえば、Bが賃料を2か月分滞納した場合、賃貸人であるAは、賃借人であるBを被告として裁判所に訴えを提起して、不払いとなっている2か月分の賃料の支払いを請求できます。

このように、履行期が到来している給付の訴え（現在給付の訴え）は、給付請求権（特定の行為を求める権利のこと）が履行期にある以上、被告に対して給付を求める必要性と紛争解決の実効性があることから、訴えの利益が認められています。

では、履行期が到来していない給付の訴え（将来給付の訴え）にも、訴えの利益が認められるのでしょうか。たとえば、Bが2か月分の賃料を滞納している場合、支払日が到来していない来月分や再来月分の賃料についても、AはBを被告として訴えを提起して、その支払いを請求できるのでしょうか。

履行期が到来していない給付請求権については、紛争が存在するとはいえず、給付を求める必要性や紛争解決の実効性がありません。そのため、口頭弁論終結時までに履行期が到来しな

い将来給付の訴えには、原則として訴えの利益が認められません。ただし、相手方が現在すでに給付義務の存在や履行期などを争っている場合は、履行期が到来しても、その履行を期待することはできないため、訴えの利益を認める必要があります。

そこで、民事訴訟法の規定では、将来給付の訴えは「あらかじめその請求をする必要性」がある場合に限り、訴えを提起することを認めています。たとえば、賃料の支払いといった反復的・継続的な給付は、現に履行期が到来した部分に不履行があれば、将来の部分の履行も期待できないことから、あらかじめ給付請求をする必要性があると判断され、訴えの利益が認められます。上記の例では、AがBを被告として訴えを提起して、来月分や再来月分の賃料についても、支払いを請求できます。

確認の訴えの利益

確認の訴えは、形式的には、あらゆる権利義務や法律関係の確認を求めて提起することができるため、確認の対象が限定されていません。無限定に確認の訴えを認めると、裁判所の負担が大きくなりすぎるため、判決を行うことで紛争を実効的に解決できる確認の訴えに限定する必要があります。

そこで、確認の訴えについては、原告の権利や法的地位が侵害される危険や不安があり、確認判決（確認の訴えにおける原告勝訴の判決）によって、即時にその危険や不安を有効に除去する必要性がある場合に、訴えの利益（確認の利益）を認めています。

具体的には、まず現在の権利や法律関係の確認であり、即時に確定する必要性があることが必要です（即時確定の現実的必要の適否）。たとえば、Aが遺言書を残して死亡した後、相続人

BとCが遺産分割でもめている場合、BがAの遺言の無効確認を求める訴えは、現に紛争となっているBC間の法律関係を解決するために必要であることから、確認の利益が認められます。

次に、自分に権利があることを確認できるときは、相手方に権利がないことを確認する訴えは提起できません（確認対象の選択の適否）。たとえば、ＡＢ間で土地の所有権をめぐって争いになっている場合、Aは自分に所有権があることを確認する訴えを提起できるので、それをせずにBに所有権がないことを確認する訴えは提起できません。

さらに、給付の訴えができる場合は、確認の訴えは提起できません（確認訴訟によることの適否）。たとえば、AがBに対して甲土地の明渡しを求める給付の訴えを提起できる場合は、Aは自分に甲土地の所有権があることの確認を求める確認の訴えを提起できません。確認の訴えで勝訴しても、確認判決には執行力（強制的にBを甲土地から追い出す効力）がないため、Bが甲土地を明け渡さない場合は、Bを追い出すことができず、依然として紛争が解決しないからです。

形成の訴えの利益

離婚の訴えや会社設立無効の訴えなど、形成の訴えを提起できる場合は法律で定められているため、形成の訴えを提起できるときは訴えの利益も認められることになります。

ただし、事情の変化により訴えの利益が失われる場合があります。たとえば、会社設立無効の訴えを提起した後に、その会社が解散したことで消滅したときは、判決をする必要性がなくなるので、訴えの利益が失われます。

6 裁判所

裁判所の2つの意味

裁判所には、具体的事件について法律を適用して判断をする国家機関としての意味だけではなく、裁判官や裁判所書記官などを職員とする裁判を行う国家機関としての意味もあります。民事訴訟法では主に前者の意味で用いられます。

裁判所の種類

裁判所には、最高裁判所、高等裁判所、地方裁判所、家庭裁判所、簡易裁判所の5つの種類があります。このうち家庭裁判所は、家庭内の問題を主に取り扱うため、人事訴訟（離婚や認知などの訴訟）などを除いては、民事事件を処理しません。

民事訴訟では三審制が採用されており、第一審の判決に納得ができないときは、第二審の裁判所へ不服申立て（控訴）をし、第二審の判決にも納得ができないときは、第三審の裁判所へ不服申立て（上告）をすることができます。

第一審の裁判所は、簡易裁判所か地方裁判所です。訴額（原告が訴えで主張する利益を金銭に換算したもの）が140万円以下の場合は簡易裁判所に対して、140万円を超える場合は地方裁判所に対して、それぞれ訴えを提起するのが原則です。ただし、土地の明渡しを訴える場合など不動産に関する訴訟は、訴額が140万円以下の場合であっても、地方裁判所に訴えを提起することができます。

第一審が簡易裁判所の場合は、地方裁判所が第二審の裁判所になります。一方、地方裁判所が第一審の場合は、高等裁判所

第2章 ■ 訴訟手続の開始

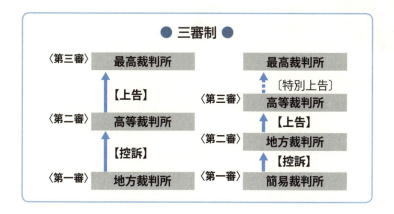

が第二審の裁判所になります。第一審の判決に不服がある当事者は、第二審の裁判所へ控訴をすることができます。

第二審の裁判所が地方裁判所の場合は、高等裁判所が第三審の裁判所になります。一方、第二審が高等裁判所の場合は、最高裁判所が第三審の裁判所となります。第二審の判決に不服がある者は、第三審の裁判所へ上告をすることができます。

なお、第三審が高等裁判所であった場合、その判決に憲法違反があることを理由とする場合に限り、例外的に最高裁判所へ上訴することができます。これを特別上告といいます。

裁判所の構成

裁判所の構成としては、1人の裁判官で構成される一人制（単独制）と、数人の裁判官で構成される合議制があります。原則として、第一審では単独制を採用しているのに対し、上級審（第二審・第三審）では合議制を採用しています。

裁判所には裁判官の他、裁判所調査官、裁判所書記官、裁判所技官、裁判所速記官、執行官などの構成員がいます。

45

7 管轄

管轄とは

　管轄（裁判管轄）とは、裁判所間における事件の分担に関する定めをいいます。訴状を提出する裁判所などが管轄によって決まります。そして、管轄の定めにより行使することができる裁判権（法律上の争訟を裁判する権限のこと）の範囲を管轄権といいます。管轄権があるか否かは、その裁判所が裁判をすることができるか否かを決定するため、訴訟要件のひとつです。

　民事訴訟法にも管轄に関する定めがあり、法律によって定められた管轄を法定管轄といいます。法定管轄は、①職分管轄、②事物管轄、③土地管轄に分類することができます。

① 職分管轄

　裁判権には、判決を言い渡したり、強制執行を担当したりするなど、さまざまな作用がありますが、職分管轄は、各作用をどの裁判所に担当させるのかを定めるものです。たとえば、日本の裁判は三審制ですが、第一審は簡易裁判所か地方裁判所、第二審は地方裁判所か高等裁判所、第三審は高等裁判所か最高裁判所が担当することも、職分管轄のひとつといえます。

② 事物管轄

　第一審を簡易裁判所と地方裁判所のどちらに担当させるかを定めるのが事物管轄です。原則として、訴額が 140 万円以下の請求は簡易裁判所、140 万円を超える請求は地方裁判所の管轄です。

③ 土地管轄

　事件をどの土地の裁判所に担当させるのかを定めるのが土地

第2章 ■ 訴訟手続の開始

● **法定管轄** ●

管 轄 ⇒ どの裁判所に事件を担当させるかについての決まり
当事者間に合意がない場合は「法定管轄」に従う

【職分管轄】	【事物管轄】	【土地管轄】
第一審：簡易裁判所 or 地方裁判所 第二審：地方裁判所 or 高等裁判所 第三審：高等裁判所 or 最高裁判所	第一審の管轄 訴額が（原則） 140万円を… 超える ⇒ 地方裁判所 超えない ⇒ 簡易裁判所	 原告 → 被告 （原則）被告の住所地を管轄する裁判所に提起する 裁判所

管轄です。原則として、被告の住所地の裁判所に管轄が認められます。さらに、不動産に関する訴えは不動産の所在地、財産上の訴えは義務履行地（原則として債権者の住所地）にある裁判所にも管轄が認められます。たとえば、東京都のAが大阪府のBに対して財産上の訴えを提起する場合、被告Bの住所地の大阪地裁か債権者Aの住所地の東京地裁かを選んで提起できます。

その他の管轄

当事者間で管轄に関する合意をすれば、法定管轄とは異なる管轄を認めることができます。これを合意管轄といいます。また、原告が法定管轄以外の裁判所に訴えを提起しても、被告が管轄違いを主張せず、答弁書を提出するなどして応訴すると、その裁判所に管轄権が発生する場合があり、これを応訴管轄といいます。

8 裁判官の除斥・忌避・回避

裁判の公正を確保するために必要

　裁判官が審理を担当する事件と密接な関係を持っていたり、裁判官と一定の関係を持つ者が当事者になっていたりすると、相手方は公正な裁判を受けることができない可能性があります。

　そこで、公正な裁判をすることが期待できない裁判官を事件の審理から排除する制度として除斥・忌避を、裁判官が事件の審理から自ら身を引く制度として回避を設けています。

除斥

　除斥とは、民事訴訟法が規定する除斥事由に該当する場合、当然にその職務を行えないとするものです。除斥事由として、①裁判官が当事者の配偶者や親族であるなど、事件の当事者と一定の関係にある場合、②裁判官が証人や鑑定人になっているなど、事件と密接な関係にある場合を挙げることができます。

　裁判官に除斥事由があれば、当然に事件に関する職務ができなくなるため、除斥事由がある裁判官による証拠調べなどの訴訟行為は無効です。また、その訴訟行為に基づく判決は上訴理由となります。除斥事由がある場合は、当事者の申立てや裁判所の職権により、裁判官の除斥を決定することもできます。

忌避

　忌避とは、除斥事由はないが、別の理由で「裁判官に裁判の公正を妨げるべき事情」（忌避事由）がある場合、当事者の申立てに基づき、裁判の確定をもって、その裁判官が職務を行え

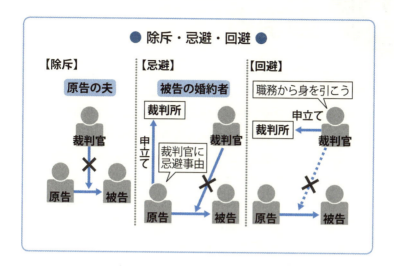

ないとするものです。たとえば、当事者が裁判官の内縁配偶者や婚約者である場合などが忌避事由にあたります。

　忌避の申立ては、対象の裁判官が所属する裁判所に対して行います。ただし、忌避事由があることを知りながら、当事者が裁判官の面前で弁論をした場合などは、忌避の申立てができなくなります。忌避は除斥とは異なり、裁判で認められてはじめて、その裁判官が職務を行うことができない状態になります。

　なお、除斥や忌避の申立てがあると、その申立てについての裁判が確定するまでの間、証拠保全など急速を要する行為以外は、訴訟手続が停止します。

回避

　回避とは、裁判官自ら除斥事由や忌避事由があることを申し立てて、自ら職務から身を引くことです。回避する場合は、監督権がある裁判所の許可を受ける必要があります。

9 当事者

当事者とは

当事者とは、自分の名前で訴えたり、反対に訴えられたりする場合、最終的に判決の名宛人となる者（判決の効力を受ける者）のことをいいます。民事訴訟は、私人間の争いを解決するための制度なので、対立する利害関係を持つ者が当事者となります。そのため、民事訴訟においては、訴える者（原告）と訴えられる者（被告）とが相対立するのを基本構造としています。これを二当事者対立の原則といいます。

二当事者対立の原則

互いに相対立する当事者の存在は、訴訟要件のひとつです。そのため、死者を当事者とする場合には、二当事者対立の原則に反することになるので、訴えは却下されます（却下判決）。

また、訴訟中に当事者が対立しなくなった場合は、二当事者対立の構造が消滅して訴訟が終了します。たとえば、Aが父Bを相手に訴訟を提起した後、Bが死亡してAだけがBの地位を相続したときは、Aが原告と被告の両方を兼ねることになるため、当事者間の対立構造は消滅して訴訟が終了します。

一方、訴訟中に当事者の一方が亡くなった場合、その者に相続人がいるときは訴訟が終了せず、その相続人が訴訟手続を受け継ぐまでは、原則として訴訟手続が中断します。

なお、当事者の一方か双方が複数人である場合や、3人以上の当事者が対立する場合などは、二当事者対立の原則の例外として認められています。

第2章 ■ 訴訟手続の開始

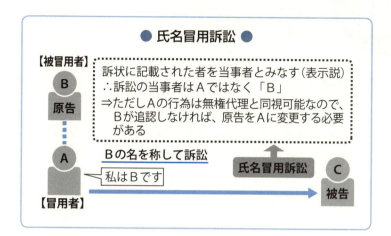

当事者はどのように確定するのか

たとえば、AがBと称して訴えを提起した場合、当事者となるのはAかBのどちらでしょうか。他人の氏名を冒用した（不正に使用した）訴えの提起があった場合（氏名冒用訴訟といいます）、どのように当事者を確定すべきかについては争いがあります。

多くの支持を得ているのが、訴状に記載された者を当事者とみなす考え方です（表示説といいます）。この表示説に従えば、訴状に記載されたBが当事者となります。ただし、Bの意思に基づかずAがした訴訟行為は、無権代理と同視できます。そこで、Bが追認をすれば、以後はBが原告として訴訟を行うのに対し、Bの追認がない場合は、原告をBからAに変更する必要があり、変更がなければ訴えを却下すべきと考えます。

なお、氏名の冒用に裁判所が気づかずに判決をした場合、判決の効力は訴状に記載されたBに及ぶので、Bは上訴や再審で争うことになります。

10 当事者能力

当事者能力とは

当事者能力とは、民事訴訟において当事者となることができる一般的な能力のことをいいます。民法の「権利能力」に対応する概念で、権利能力がある者、つまり自然人（人間）と法人（会社など）には、当事者能力が認められます。

なお、胎児の場合、不法行為に基づく損害賠償、相続、遺贈については、すでに生まれたものとみなされるので、これらに関する訴訟では当事者能力が認められます。

どんな問題があるのか

民法上、法人でない社団・財団（権利能力なき社団・財団ともいいます）には権利能力が認められていませんが、民事訴訟法上も当事者能力が認められないのでしょうか。

法人ではない社団・財団も社会的活動を行っている以上、第三者との間で紛争が生じる場合があります。それなのに、当事者能力を認めないとすると、紛争の相手方は、その社団・財団の構成員を調べた上で、その構成員の全員を被告として訴えを提起しなければならず、非常に面倒です。そこで、法人でない社団・財団であっても、民事訴訟法の規定によって、代表者や管理人の定めがある場合に当事者能力を認めることにしています。

法人でない社団とは、団体としての組織を備え、多数決の原理が行われ、構成員の変更にもかかわらず団体そのものが存続しているなどの要件を充たす団体を指します。町内会や小学校のPTAなどをイメージするとよいでしょう。

第 2 章 ■ 訴訟手続の開始

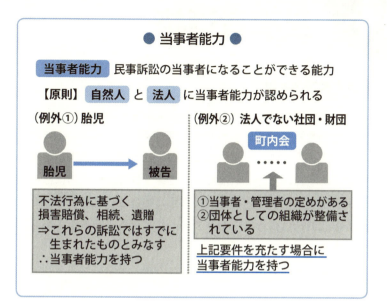

また、民法上の「組合」についても、社団と組合を峻別することが事実上困難であることなどから、法人でない社団に含めて、代表者の定めがあれば、当事者能力を認めるのが判例です。

当事者能力が欠けた場合は

当事者能力は訴訟要件のひとつですから、裁判所は職権で当事者能力の有無を調査し、これを欠く訴えは不適法なものとして却下します（却下判決）。

では、当事者能力が欠けることに気づかずに、裁判所が判決をした場合はどうでしょうか。

判決が確定する前であれば、上訴によって取り消すことができます。しかし、判決が確定した後は、再審事由にはあたらないため、取り消すことができなくなります。

11 当事者適格

当事者適格とは

　当事者適格とは、当事者が申し立てた特定の訴訟物（実体法上の権利や法律関係）について、当事者として訴訟を追行し、本案判決を受けることができる資格のことです。原告が訴えを提起した場合、自分の名前で訴えている以上、形式的にはその人が原告となります。そして、訴状に被告として記載された人は、形式的には被告にあたります。これを形式的当事者概念といいます。

　しかし、形式的に当事者とされた者が、実際には本案判決を受けるのにふさわしくない場合があります。そこで、形式的に当事者とされた者について、本案判決を与えることで紛争の実質的な解決につながるか否かという観点から、本当に当事者として認めるのが適切か否かを判断する基準が当事者適格です。

　その意味で、当事者適格をもつ者は「正当な当事者」であると呼ばれています。当事者適格が認められた者に対しては、訴訟追行権が与えられます。

　当事者適格は、訴えを提起した原告だけではなく、訴えられた被告にも必要です。原告となる者の当事者適格を原告適格、被告となる者の当事者適格を被告適格ともいいます。

　当事者適格は訴訟要件であるため、当事者適格を欠く訴えは不適法として却下されます（却下判決）。当事者能力の場合と同様、当事者適格がない者に判決が言い渡された場合、判決確定前であれば、上訴により取り消すことができます。判決確定後は再審による取消しを検討することになりますが、再審事由

は法定されているものに限るので、当事者適格は法定されていない以上、再審による取消しはできなくなります。

当事者能力とはどう違うのか

当事者適格と混同してはならない概念に、当事者能力があります。当事者能力と当事者適格はともに、当事者となるべき者かどうかを判断するものですが、当事者能力は、具体的な訴訟とは関係なく、あらかじめ定められた一般的な資格です。当事者能力が否定される者は、民事訴訟全般において、事件と無関係に当事者としての資格が認められません。

これに対して、当事者適格は、具体的な訴訟の中で、誰が訴訟を追行し、判決を受ける資格を持つのかを判断するための要件です。つまり、訴え提起のあった個々の事件ごとに、誰を原告とすべきか、誰を被告とすべきかが問題となる点で、当事者能力とは異なります。たとえば、人であれば当事者能力が認められますが、当事者適格は人というだけでは認められず、具体的な事件との関係で、誰が訴訟を追行する当事者となるべきかを判断する必要があるということです。

このように当事者能力とは別に、当事者適格を訴訟要件として設定する趣旨として、本案判決を受けるに値しない当事者を訴訟から除外することが挙げられます。また、たとえば環境訴訟や消費者訴訟などにおいては、関係者が不特定多数に及ぶ可能性があるため、それらの者の中から適切な訴訟追行を期待できる関係者を選定するという機能も併せ持っています。

当事者適格の判断基準

一般に当事者適格は、訴訟の対象となる権利義務や法律関係

について法律上の利害が対立する者に認められます。つまり、訴訟は最終的に勝訴判決や敗訴判決という結果が出されることになりますが、これらの結果を受け取ることについて、法律上の利害関係が認められる者であることが必要です。

当事者適格について、訴えの種類ごとに具体的に検討すると、以下のようになります。

① 給付の訴え

訴訟の対象になっている権利について、自己の給付請求権を主張する者が原告適格者となり、原告が給付義務者であると主張する者が被告適格者となります。この場合、原告が給付請求権を実際に持っているのか否か、被告とされる者が実際に給付義務者であるのか否かは、訴訟の結果につながる本質的な問題（本案）といえますので、当事者適格があるか否かの基準にはなりません。

なお、原告として訴えた者が、明らかに給付請求権を持たないと認められる場合もありますが、このような場合にも原告の当事者適格を肯定するのが通説です。

② 確認の訴え

確認の利益（確認の訴えにおける訴えの利益のこと）を持っている者が原告適格者となり、確認を必要とさせている者が被告適格者となります。確認の訴えにおいては、確認の訴えで当事者間の紛争を解決する必要性があるのか否か、判決により当事者間の紛争が終局的解決につながるか否か、という観点から当事者適格の有無が検討されます。もっとも、この点は確認の利益のうち確認対象選択の適否でも検討されることから、確認の利益が肯定されれば、通常は当事者適格も肯定され、確認の訴えの当事者適格自体が問題になる場合は少ないといえます。

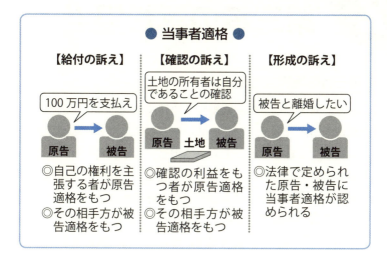

③ 形成の訴え

形成の訴えの場合は、法律によって当事者となることができる者を規定していますので、それらの者に当事者適格が認められることになります。ただし、法律の規定が当事者を明らかにしていない場合や、法律の規定が抽象的である場合には、当事者適格の有無を検討する際に、法律の解釈が必要となります。

④ その他

たとえば、ある土地をＡＢＣが共有しているときに、Ａが土地の分割を求める訴訟を起こす場合、Ａは、ＢとＣを被告として訴えを提起しなければなりません。共有関係が争われる場合など、利害関係をもつ者の全員が当事者とならなければならない訴訟を固有必要的共同訴訟（⇨ P.169）いいます。固有必要的共同訴訟では、単独では当事者適格が認められず、利害関係がある者の全員が当事者となることで当事者適格が認められます。

12 第三者の訴訟担当

第三者の訴訟担当とは

　訴訟の対象となる権利義務や法律関係について法律上の利害関係がある者ではなく、その他の第三者に当事者適格が認められる場合を総称して第三者の訴訟担当（訴訟担当）といいます。この場合、訴訟の当事者となる者を担当者と呼び、権利義務や法律関係の主体である者を被担当者と呼びます。

　たとえば、AがBに100万円を貸し、BがCに100万円を貸していたところ、Bが債務超過になった場合、AはBに貸した100万円を回収するため、Bに代わって、Cに対して訴えを提起することができます。これは債権者代位訴訟と呼ばれます。

　本来、Cに対して100万円の返還を請求できるのは、Cに対して100万円を貸しているBです。そのため、Bが当事者適格（原告適格）を持っており、第三者であるAには当事者適格が認められないはずです。しかし、民法が認める債権者代位権により、債権者Aには、BのC（Aから見ると第三債務者にあたります）に対する債権について管理処分権が与えられ、その管理処分権に基づいて訴訟を行うことから、Aは「担当者」の立場として当事者適格が認められるわけです。

　第三者の訴訟担当は、ある者の訴訟追行の効果が他の者に及ぶという点で、代理と似ています。しかし、代理の場合は、権利義務の主体が当事者となり、代理人は当事者となりません。一方、訴訟担当の場合は、担当者が自ら当事者となり、権利義務の主体はその訴訟追行の効果を受ける立場となります。

　訴訟担当が認められた場合、担当者の受けた判決が確定する

第2章 ■ 訴訟手続の開始

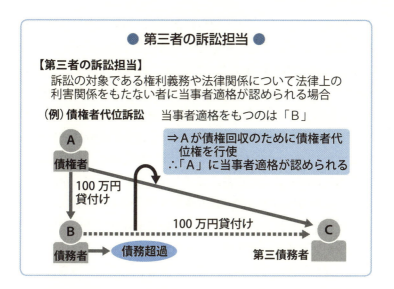

と、勝訴判決か敗訴判決かを問わず、判決の効力が担当者に加えて被担当者にも及びます。たとえば、上記の例でCが勝訴判決を得た場合、A（担当者）だけでなくB（被担当者）にも判決の効力を及ぼさないと、Bが「100万円の貸金」について訴えを提起することで、再び紛争となる可能性があります。これでは紛争の解決が図られないため、担当者（A）の受けた判決の効力を被担当者（B）にまで及ぼすことにしています。

法定訴訟担当とは

第三者の訴訟担当のうち、法律の規定により第三者に当事者適格が認められる場合を法定訴訟担当といいます。法定訴訟担当には、①法律の規定により、第三者が自己の利益のために訴訟の対象となる法律関係について管理処分権を与えられて訴訟を行う場合と、②権利義務の主体である者が訴訟を追行するこ

とが困難なときに、法律の規定により、その者の利益を保護すべき職務にある者が訴訟を追行する場合とに分かれます。

上記の例にある債権者代位訴訟は①の例です。なお、Aが「BのCに対する100万円の貸金返還請求」を代位行使した後も、BはCに対して100万円の貸金返還請求をすることは可能です（ただし、訴えを提起するのは前述した二重起訴の禁止にあたります）。しかし、Aが債権者代位訴訟を追行し、BのCに対する100万円の貸金返還請求権は存在しないとの判決が確定すると、その判決の効力がBにも及びます。つまり、Bは自分の知らないところで、自分の権利について不利な判断が確定する可能性があります。そこで、民法の規定により、AがCに対して債権者代位訴訟を提起した場合、Aは、すぐにその事実をB（本来の債権者）に知らせなければなりません（訴訟の告知）。

また、婚姻事件について本来の当事者の死亡後に、検察官が当事者として訴訟を行う場合が②の例です。他にも、遺言の内容を実現するために選任される遺言執行者は、遺言者の意思を実現する職務上の地位にあるため、相続人が遺言無効確認訴訟を提起した場合などは、担当者として被告適格をもちます。

任意的訴訟担当とは

任意的訴訟担当とは、第三者の訴訟担当のうち、権利義務の主体とされている者の授権（依頼）に基づいて、第三者に当事者適格が認められる場合をいいます。たとえば、民事訴訟法が認めている任意的訴訟担当として選定当事者があります。

選定当事者とは、共同の利益を有する多数の者が共同して訴訟をする場合に、その中から代表として選ばれて、多数の者の代わりに訴訟を追行する者をいいます。選定当事者を選ぶ側の

者のことを選定者といいます。

共同の利益を持っている多数人が、全員で当事者となって訴訟を追行するのでは、手続が複雑になります。そこで、当事者を少数に絞ることによって、訴訟手続を単純化するため、選定当事者の制度が設けられています。

選定がなされると、選定当事者に訴訟を追行する権限が付与されます。訴え提起前に選定がなされると、選定当事者は選定者のために訴えを提起することができます。また、訴え提起後に選定がなされると、選定者は当然に訴訟から脱退します。

法律に規定のない任意的訴訟担当

民事訴訟法の規定では、簡易裁判所以外の裁判所では、法律で裁判上の行為が認められた代理人と弁護士以外は訴訟代理人となることが禁じられています（弁護士代理の原則）。信託法の規定では、他人に訴訟行為をさせることを目的として信託（自分の財産の運用や管理を他人に任せること）を行うことが禁じられています（訴訟信託の禁止）。特に弁護士代理の原則は、専門性や倫理性を備えた弁護士を訴訟代理人とすることで、訴訟手続の円滑な進行を保障することなどが目的です。

任意的訴訟担当を安易に認めると、上記の規定を潜脱するおそれがあるため、法律が明文で認めていない場合に、どのような要件を充たせば任意的訴訟担当が許されるのか問題となります。

最高裁は、弁護士代理の原則や訴訟信託の禁止を潜脱するおそれがなく、任意的訴訟担当を認める合理的理由がある場合に、任意的訴訟担当が許されると判断しました。たとえば、民法上の組合において、業務執行の委託を受けた者（業務執行者）について、任意的訴訟担当が認められると判断しています。

13 訴訟能力・弁論能力

訴訟能力とは

訴訟能力とは、単独で有効に訴訟行為（民事訴訟法などが定める効果を得るための行為のこと）をする能力と、相手方による訴訟行為を単独で有効に受け取る能力をいいます。是非弁別の判断能力を失っているか、それが不十分な者が訴訟を追行すると、敗訴などの不利益を被る危険があります。そこで、当事者に訴訟能力を要求し、訴訟能力を欠く者の訴訟行為を無効とすることで、単独で訴訟を行えない者を保護しています。

訴訟能力は民法上の「行為能力」に対応しており、行為能力者はすべて訴訟能力が認められます。一方、訴訟能力が完全に認められないのは未成年者と成年被後見人です。これらの者は自ら訴訟行為をすることができず、法定代理人（親権者や成年後見人）が代わりに訴訟行為をします。ただし、未成年者については、法定代理人から営業の許可を受けている場合などは、単独で有効に訴訟行為ができます。

一方、被保佐人については、原告として訴えを提起して訴訟を追行する場合は保佐人の同意が必要ですが、被告として訴えられたときに訴訟に応じる場合は保佐人の同意が不要です。

訴訟能力を欠く者が行った訴訟行為は無効ですが、裁判所はすぐに訴えを却下することはありません。相当の期間を定めて、法定代理人や保佐人などに対し、訴訟能力を欠く者による訴訟行為を追認するかどうかを問い合わせます。追認されたときは、訴訟能力を欠く者による訴訟行為が遡って有効になります。追認されないときは、訴えが却下されます。

第2章 ■ 訴訟手続の開始

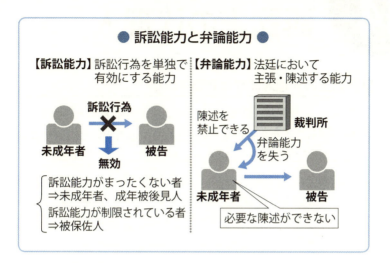

なお、訴訟能力を欠くことに裁判所が気づかずに判決が言い渡された場合、その判決が有効か無効かについては争いがありますが、当然には無効とならないと考えるのが通説です。

弁論能力とは

日本の民事訴訟では、訴訟の追行を弁護士などの専門家に依頼せず、当事者本人が行う場合があります。一般人（通常の人）が訴訟を追行する場合、法廷で現実に主張や陳述ができる能力が必要です。これを弁論能力といい、訴訟を円滑・迅速に進めるために要求されています。裁判所は、訴訟で争われている権利関係を明らかにするために、必要な陳述ができない者に対し、陳述を禁止する裁判ができます。この裁判を受けると弁論能力を失います。また、必要があれば弁護士の付き添いを命じることもできます。

14 訴訟上の代理人

訴訟上の代理人はなぜ必要なのか

　訴訟上の代理人（訴訟代理人）とは、当事者の名において、代理人であることを示して、訴訟行為をする者のことをいいます。

　前の項目で学習した第三者の訴訟担当は、訴訟の対象である権利義務や法律関係について、当事者の代わりに訴訟を追行する点で、訴訟上の代理人と共通します。しかし、第三者の訴訟担当は自分の名で（自分が当事者として）訴訟行為をする点で、代理人が当事者でない訴訟代理人とは異なります。

　わが国では、民事訴訟の追行にあたり、弁護士など代理人の選任は強制されておらず、自ら訴訟を行う（本人訴訟）ことができます。しかし、代理人が認められなければ、単独で訴訟行為ができない訴訟無能力者（未成年者や成年被後見人など）は、自らの権利を行使できなくなります。また、本人に訴訟能力があるとしても、訴訟を追行するには時間や労力が必要になるため、会社をたびたび休まなければならず、日常生活に支障をきたすことにもなりかねません。さらに、訴訟の追行には法的な専門知識も要求されるので、自分で訴訟行為をするのが可能な状況にあっても、知識不足によって敗訴などの不利益を被る可能性もあります。

　こうした不都合を回避する意味でも、専門知識と経験をもつ弁護士を代理人として依頼する必要性は大きく、訴訟行為は代理に親しむことから、訴訟上の代理人の制度を認めています。

　訴訟上の代理人には、①法律に基づく法定代理人と、②本人の意思に基づく任意代理人があります。

第2章 ■ 訴訟手続の開始

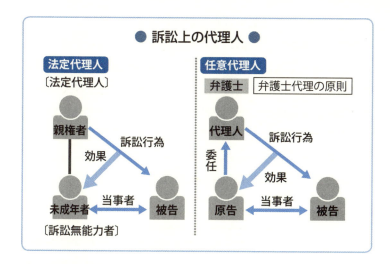

法定代理人

　法定代理人とは、訴訟上の代理人のうち、代理権の発生原因が法律に基づく場合をいいます。つまり、本人の意思とは無関係に選任されるのが法定代理人です。特に訴訟無能力者を保護することが法定代理人の制度の目的です。

　民法上の法定代理人である者は、訴訟法上も法定代理人となるので、本人が未成年者であれば親権者が、成年被後見人であれば成年後見人が法定代理人となります。

　なお、訴訟無能力者に法定代理人がいない場合や、法定代理人が代理権を行使できない場合には、家庭裁判所が選任した民法上の特別代理人が法定代理人となります。

　法定代理人はあくまでも代理人であって、本人（当事者）ではありませんから、法定代理人による訴訟行為の効果は、すべて本人に帰属することになります。ただし、法定代理人は本人に準ずる者として扱われるので、訴状や判決書には、法定代理

65

人の氏名や住所を記載する必要があります。

なお、親権者は、一切の訴訟行為をする権限をもちます。しかし、成年後見人は、後見監督人がいる場合には、後見監督人の同意を得なければ、原告として訴訟行為ができません（被告として応訴する場合は同意が不要です）。また、法定代理権が消滅した場合には、本人（当事者）や代理人（代理権を失った者か新たに代理人となった者）が相手方に通知しなければ、法定代理権の消滅を相手方に主張できません。

任意代理人

訴訟上の代理人のうち、本人の意思に基づいて代理権が発生するのが任意代理人です。任意代理人は、訴訟委任に基づく訴訟代理人と法令上の訴訟代理人とに分類することができます。

① 訴訟委任に基づく訴訟代理人

本人が特定の訴訟について、訴訟行為を担当することを目的に選任した者を訴訟委任に基づく訴訟代理人といいます。本人と訴訟代理人との関係は、民法上の委任契約にあたります。そして、本人が訴訟代理人に対して、特定の訴訟に関する代理権を与えるという行為（授権行為）により代理権が発生します。

訴訟代理人の代理権が及ぶ範囲は、原則として訴訟の追行に必要な訴訟行為全般にわたります。ただし、訴えの取下げ、請求の放棄・認諾、訴訟上の和解など、本人の意思が重要になる事項は、本人から特別の委任を受けることが必要です。

また、訴訟委任に基づく訴訟代理人は、原則として弁護士でなければなりません（弁護士代理の原則といいます）。弁護士代理の原則を採用する理由として、法律の専門家が訴訟を追行することで、本人の利益を保護することが挙げられます。訴訟

の運営上も、弁護士が訴訟手続に関与することで、適正・迅速な訴訟の進行という公益の確保が可能です。

当事者が弁護士代理の原則に違反し、弁護士以外の者を代理人に選任しても、その者が訴訟を追行することはできません。しかし、弁護士代理の原則への違反を見逃したまま行われた訴訟行為の効力について、判例は、本人が追認を行うことで有効になると判断しています。したがって、代理人に弁護士資格がないことを本人が知らなかった場合、本人は、代理人による訴訟行為を無効と主張することも、追認して有効とすることも認められます。

これに対して、弁護士資格がないことを知っていた本人について、後から代理人の訴訟行為を無効であると主張することを認めるか否かについては争いがあります。

なお、簡易裁判所においては、裁判所の許可を得れば、弁護士以外の者も訴訟代理人になることができます。また、簡易裁判所の訴訟手続に関しては、法務大臣の認定を受けた司法書士（認定司法書士）が訴訟代理人になることも可能です。

② 法令上の訴訟代理人

法令上の訴訟代理人は、本人が選任することによってはじめて代理人になるという点では、訴訟委任に基づく訴訟代理人と異なるところはありません。しかし、本人が代理人に対して代理権を与えるという行為（授権行為）をする必要はなく、法律の規定に基づいて代理権が与えられる点で、訴訟委任に基づく訴訟代理人とは異なります。

法令上の訴訟代理人の例として、会社の支配人（支店長や支社長などのことです）などが挙げられます。法令上の訴訟代理人は、原則として弁護士であることを要しません。

15 訴訟物

訴訟物とは

訴訟物とは、原告の被告に対する実体法上の権利や法律関係の主張のことで、審判の対象となるものをいいます。

民事訴訟は、当事者の意思を尊重するため、処分権主義を採用していることから、被告に対し、どのような権利や法律関係を主張するかは原告の意思に委ねられています。

ただし、裁判所が何について判断すべきかを明確にする必要があり、また被告に対して防御の対象を明確にして不意打ちを防止するためにも、訴訟物は訴え提起の時点で特定していなければなりません。

訴訟物は、訴訟の開始段階においては、裁判所に対し審判の対象を明示し、管轄を決定する際の基準になります。審理段階においては、訴えが二重起訴の禁止に反していないかを判断する基準になります。さらに、判決の段階では、判決の及ぶ範囲を確定する際の基準になります。

たとえば、A所有の建物をBに売却するためAB間で売買契約を締結したにもかかわらず、AがBに建物を引き渡さない場合を考えてみましょう。BはAに対し、売買契約に基づき建物の引渡しを請求できるとともに、所有権に基づき建物の引渡しを請求することもできます。

この場合の訴訟物は何になるのでしょうか。訴訟物をどのような基準で特定するかについては、旧訴訟物理論と新訴訟物理論という2つの考え方があります。

第2章 ■ 訴訟手続の開始

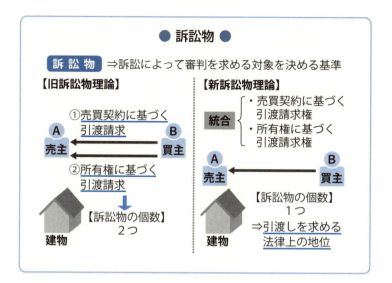

旧訴訟物理論という考え方

　旧訴訟物理論とは、実体法上の請求権に基づいて訴訟物を特定する考え方で、実体法上の請求権1個につき訴訟物も1個だと考えます。判例や実務はこの考え方を採用しています。なお、実体法とは、当事者の権利義務などの内容を定めた民法や商法などの法律のことです。

　旧訴訟物理論によれば、BのAを被告とする「売買契約に基づく建物引渡しの訴え」と「所有権に基づく建物引渡しの訴え」は別個の訴訟物となります。そのため、「売買契約に基づく建物引渡しの訴え」でBが敗訴しても、訴訟物が異なるので、二重起訴の禁止に抵触することなく、BはAを被告として「所有権に基づく建物引渡しの訴え」を起こすことができます。医療ミスの場合など、1個の事件から「債務不履行に基づく損害賠償請求」と「不法行為に基づく損害賠償請求」ができる場合

も2個の訴訟物となるので、別々に訴えを提起できます。

旧訴訟物理論は、訴訟物を特定する基準が明確でわかりやすいという特徴があります。しかし、社会的に見てBのAに対する請求は「建物を引き渡せ」という1個の請求なのに、2個の訴訟物に分断するのは不自然だといえるでしょう。同一の事件について、被告に二度も訴訟に応じること（応訴）を義務付けるのは、過度な負担を与えます。そのため、旧訴訟物理論は、紛争の蒸し返しを認めるものとして批判を受けました。

また、被告の応訴の負担や訴訟経済などの観点から、できる限り私的な紛争は1回で解決すべきと考えられています（紛争の1回的解決の要請といいます）。しかし、「売買契約に基づく建物引渡しの訴え」で敗訴しても、「所有権に基づく建物引渡しの訴え」を提起できるとするのは、紛争の1回的解決の要請に反します。

さらに、民事訴訟において、原告は、被告に対していかなる主張を行うのかを、訴状の中で示さなければなりません。これを請求の趣旨といいます。請求の趣旨は判決の主文に対応するものですが、旧訴訟物理論では、別個と判断される訴訟物が、請求の趣旨の中では区別がつかない、という不都合が生じます。

前述の例では、BがAに対して、売買契約に基づく建物引渡請求権と所有権に基づく建物引渡請求権をもっていますが、どちらの訴えも、訴状の中では、請求の趣旨として「AはBに対して建物を引き渡せ」という判決を求めると記載します。そのため、請求の趣旨の記載だけでは、訴訟物の特定ができません。請求の趣旨に加えて、請求を基礎付ける事実（請求の原因）として詳しい記載がなければ、訴訟物の特定が困難となるのです。

新訴訟物理論という考え方

　新訴訟物理論は、紛争の１回的解決の要請をその目的として強調します。新訴訟物理論においては、複数考えられる実体法上の請求権を、特定の事柄を求める法律上の地位（請求）としてまとめます。つまり、事実上同じ請求であれば、実体法上の請求権の個数にかかわらず、訴訟物は１個であると考えます。

　たとえば、「売買契約に基づく建物引渡請求権」と「所有権に基づく建物引渡請求権」は、実体法上は２個の請求権ですが、ＢがＡに主張しているのは、同じ「建物の引渡し」という請求であることから、この「建物の引渡し」を求めるＢの法律上の地位（請求）を１個の訴訟物としてとらえるわけです。

　そのため、仮にＢが敗訴した場合は、「Ｂには建物の引渡しを請求する権利がない」ことになるので、以後、ＢはＡに対し建物の引渡しを求めて訴えを起こすことができなくなります。

　新訴訟物理論は紛争の１回的解決を図ることができますが、旧訴訟物理論に比べると、１回の訴訟で解決する（後訴で争うことができなくなる）紛争の範囲が明確ではありません。これは原告の利益保護に欠けることから、判例や実務は旧訴訟物理論に基づいて訴訟手続を運用していると考えられています。

　なお、現在では旧訴訟物理論と新訴訟物理論の対立が決定的であるとは考えられていません。判例の中には、実体法上の請求権として甲乙の２つが考えられる事件に関し、甲を主張して確定判決があった後、後訴を提起して乙を主張することが、実質的な紛争の蒸し返しにあたり、信義則に反するので許されないと判断したものがあります。つまり、旧訴訟物理論を採用しながらも、新訴訟物理論と似た結論を得ることが可能になっています。

16 処分権主義

処分権主義とは

　処分権主義とは、訴訟の開始・終了、審判の対象・範囲に関する決定について、当事者に委ねる原則のことをいいます。民事訴訟においては、基本的に処分権主義が妥当します。これはなぜでしょうか。

　近代国家の形成は、君主による絶対的な支配や身分制に基づく拘束から脱することを主眼としていました。そして、近代国家においては、個人の尊厳を最も重要な価値として定め、国民には自由と平等が保障され、国家は極力国民の活動に干渉してはならないと考えられるようになりました。

　経済的な自由や活動についても、近代国家より前の時代では十分に保障されていませんでした。しかし、近代国家においては、自由な経済活動が保障されました。具体的には、職業選択の自由や財産権の保障です。そして、国民の経済活動に対して、国家は極力干渉すべきでないと考えられました。つまり、私人同士が法律関係を形成するという私的な領域においては、その私人の自由意思に委ねるべきであり、国家は介入を避けるべきであるとされました。これを私的自治の原則といいます。

　民事訴訟は、私人間の権利義務や法律関係が審判の対象となります。私人間の権利義務や法律関係には、私的自治の原則が妥当します。このことから、民事訴訟についても、私的自治の原則が妥当すると考えられます。

　私的自治の原則は、私法上の権利の管理・処分について、私人の自由意思に委ねる原則です。そのため、権利義務や法律関

第 2 章 ■ 訴訟手続の開始

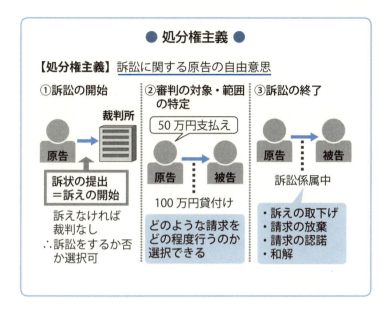

係について裁判所に判断してもらうか否か、どの権利のどの範囲について判断してもらうかということは、訴訟の当事者の自由意思に委ねるべきと考えられます。このようにして、民事訴訟においては処分権主義が妥当します。

処分権主義の具体的内容

処分権主義では、①訴訟を提起するかどうか（訴訟の開始）、②訴訟を提起するにしても、どの範囲で審判を求めるか（審判の対象・範囲の特定）、③どのような形で訴訟を終了させるか（訴訟の終了）について当事者が自由に決定することができます。

① 訴訟の開始

民事訴訟は、原告が裁判所に対し、訴状を提出することで開始されるのが原則です。つまり、原告が訴えを提起しない限り

民事訴訟は開始されず、裁判所が職権で開始することはできません。これを「訴えなければ裁判なし」の原則あるいは不告不理の原則といいます。

民事訴訟では訴訟の開始を当事者の意思に委ねていることから、当事者間で訴えを起こさない旨の合意もすることができます（不起訴の合意）。不起訴の合意が認められた場合、その当事者間では裁判所に対する訴えを利用して紛争を解決する必要性や利益がなくなっているといえます。そのため、不起訴の合意に反して訴えを提起しても、裁判所は、その訴えを不適法なものとして却下します。

なお、訴訟費用の負担の裁判と仮執行宣言の裁判は、当事者の訴えがなくても、裁判所は職権で行うことができます。

② 審判の対象・範囲の特定

訴えを提起した場合、どのような請求をどの程度の範囲で行うかについても、原告が自由に決定することができます。つまり、民事訴訟では審判の対象・範囲を原告が決定します。

そして裁判所は、原告が申し立てた事項に拘束され、原告が申し立てていない事項については、独自の判断で判決を行うことができません。

たとえば、AB間において、AがBに100万円を貸す消費貸借契約と、AがB所有の土地を購入する売買契約を締結したとします。これらの契約により、AはBに対して「100万円の返還請求権」と「土地の引渡請求権」を取得します。このとき、双方の契約についてAB間に争いがあったとしても、Aが土地の引渡請求権についてのみ訴えを提起した場合には、土地の引渡請求権のみが訴訟の対象となります。そのため、裁判所は100万円の返還請求権について判断することはできません。

また、Aが土地の引渡請求権を主張している（給付訴訟の主張）にもかかわらず、Aに土地の所有権があることを確認する判決をすること（確認訴訟の判決）は許されません。当事者が特定したものと異なる範囲の審判であるからです。

ただし、審判の対象・範囲の特定についても、私的自治が妥当しない権利などに関しては、例外的に当事者が特定したものと異なる範囲の審判をすることが許されます。たとえば、当事者が土地の公法上の境界（筆界）の確定について、訴えを提起したとします（境界確定訴訟といいます）。公法上の境界の確定には私的自治が妥当せず、裁判所は裁量によって境界を確定をしなければなりません。そのため、境界確定の訴えにおいては、当事者が特定した範囲に限定されず、裁判所は合理的と思われる公法上の境界を判断することになります。

③ **訴訟の終了**

いったん提起された訴訟は、原告や被告の自由な意思に基づいて、さまざまな方法で終了することができます。

原告は、いったん訴訟が開始されても、訴えを取り下げることができます。訴えを取り下げると、その訴訟ははじめから係属しなかった（裁判所が取り扱わなかった）とみなされます。

また、原告は自分の請求に理由がないことを認めて（請求の放棄）、被告は原告の請求に理由があることを認めて（請求の認諾）、それぞれ訴訟を終了させることができます。

さらに、当事者間で和解を成立させることで、訴訟を終わらせることもできます。

これだけではなく、訴訟は、裁判所の判断である判決が出されることによっても終了します。裁判所に判断してもらうことを選択するのも当事者の自由な意思により決定できます。

17 申立事項と一部請求

申立事項と判決事項

　原告が訴えで求める審判の内容を申立事項、裁判所が言い渡す判決の内容を判決事項といいます。

　民事訴訟では、裁判所は原告が申し立てていない事項については判決ができません。つまり、裁判所は原告の申立事項に拘束され、申立事項を超えて判決をすることは許されていません。これを申立事項と判決事項の一致の原則といいます。

　申立事項と判決事項の一致の原則が妥当するのは、民事訴訟においては処分権主義が妥当するからです。処分権主義に基づいて、原告が申立事項（審判の対象・範囲）を特定します。そうすると、当事者は、原告が特定した申立事項に関する権利や法律関係について裁判所が判断すると期待し、その権利や法律関係に関する事実の主張や証拠の提出を行います。しかし、裁判所が申立事項にない事項に基づいて判決をすると、原告の意思に反して訴訟活動に介入することになり、当事者は不意打ちを受けます。そのため、申立事項と判決事項の一致の原則がとられています。

　ところで、申立事項と判決事項は完全に一致していなければならないのでしょうか。この点について、完全に一致していなければならないとは考えられていません。それでは、どの程度の違いであれば許されるのでしょうか。

　申立事項と判決事項の不一致が許容されるか否かは、原告が示した請求の趣旨の合理的な範囲内か、被告の不意打ちとならないかという観点から考えられます。

たとえば、AがBに対し、100万円の支払いを求めて訴えを起こした場合、裁判所がAの請求の一部を認めて、Bに対し70万円を支払えとの判決をすることは認められています。これを一部認容判決といいます。一部認容判決が許されるのは、原告としては、100万円すべてが認められなかった場合、請求がまったく認められないとして棄却判決されるよりも、70万円であっても認容されるほうがよいと考えるからです。また、被告は100万円の範囲内で防御を尽くしており、それよりも量的に少ない70万円の支払いを認めても不意打ちとはならないからです。

逆に裁判所が120万円などの原告が申し立てた範囲を超える支払いをBに命じることは、原告の意思を超えるものであり、被告に対する不意打ちとなることから禁止されています。

なお、土地の売買契約において、売主が買主に代金請求をした場合に、土地の引渡しが完了していないことが判明したとします。このとき、当事者間に、代金の支払いは土地の引渡しと引き換えにするとの約束があった場合、裁判所は土地の引渡しと引換えに代金支払いをするとの判決ができます。これを引換給付判決といいます。売買契約を締結していることから、引換給付判決を出しても、原告の通常の意思に反しないといえます。この場合、被告は防御を尽くすことができ、不意打ちにもなりませんので、引換給付判決が認められます。

一部請求とは

たとえば、AがBに貸した100万円のうち30万円の支払いを求めて訴えを起こすことを一部請求といいます。民事訴訟の基本原則である処分権主義から、原告は審判の対象やその範囲

を自由に決定できるので、一部請求自体は認められます。

では、審判の対象はどの範囲の部分となるのでしょうか。処分権主義より、審判の対象は、Aが特定した30万円の部分となるため、判決の効力も30万円の部分に及びます。

しかし、裁判所は30万円の請求権の認否を判断するため、まず請求権が適法に成立しているか、すでに消滅していないかなどを判断します。このような判断をするため、請求権の総額は必要な事項ですから、裁判所は請求権の全部（全範囲）について実質的な審理をしているともいえます。

また、被告Bは100万円の請求権自体が成立していないと反論することなどが考えられます。このとき、一部請求の判決の効力が30万円の部分のみに及ぶとするのは、残りの70万円の請求について、裁判所と被告Bに再度訴訟に応じる負担を課すことになります。さらに、当事者の訴訟活動の経過によって、残りの70万円の請求について、裁判所が30万円の請求に関する訴訟とは異なる判断をするおそれがあります。

そこで、一部請求であっても、審判の対象や判決の効力は、請求権の全部に及ぼすべきだとする考え方もあります。

以上に対して、判例は、一部請求であるのを明示したか否かによって、次のように判断しています。

① **一部請求を明示した場合**

審判の対象が明示した一部に限定されると考えます。たとえば、Aが一部請求であることを明示して、Bに30万円の支払いを請求した場合は、審判の対象が30万円の部分のみです。

その上で、Aが30万円の請求に勝訴した場合（30万円全額が認容された場合）は、残り70万円について訴えを提起できると考えます。しかし、Aが30万円の請求に敗訴した場合

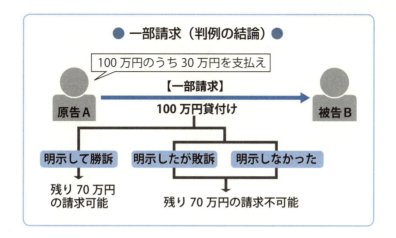

(請求棄却となったか30万円未満の一部認容となった場合)は、残りの70万円について訴えを提起することは許されません。

　一部請求といっても、まず100万円の請求権が成立しているか、何円分が消滅せずに存在しているかが審理されます。Aが敗訴するのは、100万円の請求権自体が成立していないか、70万円を超える部分が消滅したと判断された場合です。

　この場合、残り70万円の訴え提起は、裁判所と被告Bに再び同一内容の訴訟に応じる負担を課すことになり、ABの訴訟活動によっては、裁判所が70万円の請求権を認めるかもしれません。そこで、一部請求に敗訴した場合は、残部請求の訴え提起が信義則に反して許されないと考えます。

② 一部請求を明示しなかった場合

　審判の対象が請求権の全部に及ぶと考えます。たとえば、Aが一部請求を明示せず、Bに30万円の支払いを請求した場合、100万円全部が審判の対象となるので、この訴訟の終了後、残りの70万円について訴えを提起できません。

Column

境界確定訴訟は通常の訴訟とは異なる

　民事訴訟における訴えの形式は、本文記載のように、請求の訴え、確認の訴え、形成の訴えに分類することができます。しかし、上記3つの訴えとは、やや性質が異なる訴えの形式がいくつか存在します。そのひとつとして境界確定訴訟（境界確定の訴え）を挙げることができます。

　境界確定訴訟とは、隣接している土地の公法上の境界（筆界）が不明確である場合に、判決によって境界線の確定を求める訴えです。判決の結果、土地の所有権の範囲が確定されますが、それは事実上の効力にすぎません。境界確定訴訟は土地の所有権の確認が目的なのではなく、境界線の確定を目的に提起される訴えである点には注意が必要です。

　境界確定訴訟には、通常の訴訟とは異なるいくつかの特徴があります。まず、民事訴訟は一般に審判の対象・範囲を当事者が示す必要がありますが、境界確定訴訟では、訴え提起時に、当事者が具体的な境界線を示す必要はありません。むしろ、民事訴訟では、裁判所が当事者の主張に基づいて判断を示さなければなりませんが、境界確定訴訟では、当事者の主張とは異なる境界線を、裁判所が判決によって示すことも許されます。なぜなら、土地の境界線は、純粋な個人の権利にとどまらず、公共的性質をもつため、訴訟の中で当事者の主張に基づいて境界線が確定されることが、適切ではない場合もあるからです。また、境界確定訴訟では、裁判所は請求棄却を行い、境界線の決定を回避することも許されません。これも公法上の境界が持つ公共性が理由ですが、裁判所は具体的な事情を考慮して、客観的に最も合理的であると思われる境界線の位置を判断しなければなりません。

第3章

訴訟の審理

1 口頭弁論

口頭弁論とはどんな場なのか

口頭弁論とは、裁判所の公開法廷の場で、原告と被告が対席し、裁判官の面前で、口頭によって弁論や証拠調べなどを行う審理方式のことをいいます。裁判所が判決をする場合は、原則として口頭弁論を開かなければなりません(必要的口頭弁論)。これは公開裁判を受ける権利を手続面から保障するものです。したがって、口頭弁論が必要な事件について、裁判所は、口頭弁論で提出されなかった当事者の主張や証拠をもとに判決をすることはできません(弁論主義の第1テーゼ⇨P.96)。

これに対し、判決ではなく決定の形式で終わる事件については、裁判所は、口頭弁論を開くか否かを裁量で決めることができます(任意的口頭弁論)。また、口頭弁論が開かれない裁判官の命令の形式で終わる事件についても、裁判所が当事者に意見陳述の機会を与えることができます。これを審尋といいます。審尋の方式に制限はありませんが(口頭でも書面でもよい)、口頭弁論とは異なり、当事者双方の出席の下、公開法廷の場で行う必要はありません。

口頭弁論の基本原則

口頭弁論における審理方式には、いくつかの基本的な原則があります。

① **公開主義**

公開主義とは、弁論・証拠調べ(口頭弁論)や判決の言渡しは、公開の場で行うべきとする原則のことをいいます。

第3章 ■ 訴訟の審理

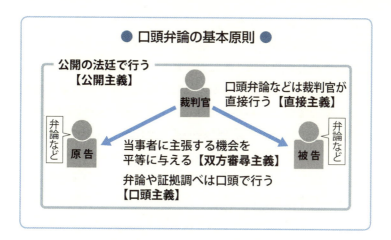

　公開主義は憲法（憲法82条）の要請であり、公開することにより裁判の公正を担保し、裁判に対する国民の信頼を確保しています。具体的には、当事者以外の第三者に審理の傍聴を認めています。ただし、公開することで公の秩序または善良な風俗を害するおそれがあると裁判官全員が一致した場合には、例外的に口頭弁論を非公開にすることが可能です。

② 双方審尋主義

　双方審尋主義とは、当事者双方にそれぞれの主張をする機会を平等に保障すべきとする原則のことをいいます。双方審尋主義は、適正な裁判を受ける権利（憲法32条）や、法の下の平等（憲法14条）という憲法の要請を訴訟上で実現するものです。つまり、原告・被告の両当事者は、訴訟の審理において、等しく自己の主張を述べる機会が保障されていなければならないので、口頭弁論は両当事者の出席の下で行うことが予定されています。そのため、例外的に口頭弁論期日に当事者が欠席しても訴訟手続が進行する場合もありますが、当事者が口頭弁論

期日に出席できない場合には、訴訟手続の停止が認められています。訴訟手続の停止には、訴訟手続の中断と中止があります。

訴訟手続の中断とは、訴訟が係属している間に、たとえば当事者が死亡するなどして訴訟の進行が困難となり、当事者の交代が必要な場合に、新たな当事者（死亡当事者の相続人など）が訴訟を受け継ぐまで訴訟手続の進行を停止することです。

これに対して、**訴訟手続の中止**とは、訴訟手続の進行が物理的に不可能であったり不適当である場合に、訴訟手続の停止が認められる場合をいいます。たとえば、天災などの事由が発生したため、裁判所が口頭弁論期日を開くことができない場合などが挙げられます。問題の事由が消滅するまでの間、訴訟手続は停止し、事由が消滅した後に再開されます。

③ 直接主義

直接主義とは、弁論や証拠調べは、判決をする裁判所の裁判官が自ら直接行うとする原則です。裁判所は、当事者の主張した事実と、当事者から提出された証拠に基づいて、問題になっている事実の有無を自由に判断することができます（自由心証主義）。そのため、たとえば証人尋問が、裁判官の面前で行われることによって、裁判官は証人の証言内容や証言中の態度を直接、見聞きすることができ、心証の形成に役立てることができます。また、裁判官の面前で口頭弁論が行われることで、意図的に第三者が証言などをねじ曲げることができなくなり、適正な裁判の実現を確保することもできます。

しかし、訴訟の係属中に担当の裁判官が交代した場合にも直接主義を貫くとすると、次に担当した裁判官に対して弁論や証拠調べを再度最初からやり直さなければならず、これでは訴訟経済の要請に反します。そこで、交代後の裁判官に対して、す

でになされた口頭弁論の結果を陳述する弁論の更新という制度によって、直接主義を維持しています。

④ 口頭主義

口頭主義とは、弁論と証拠調べは口頭で行わなければならず、口頭で陳述したものだけが判決の基礎資料になるとする原則のことです。審理をする裁判官からすると、口頭による陳述は、表情や声色など、書面からでは期待できない鮮明な印象を得ることができ、真意を把握しやすいという利点があります。

しかし、裁判官や相手方の当事者にとって、陳述した内容の理解が困難な場合もあり、陳述を記録する負担などの弊害もあります。そこで、訴状や準備書面の提出など、明確性や確実性の観点から、特に重要な訴訟行為につき書面を要求し、口頭主義を補完しています。

⑤ その他の原則

以上の他にも、裁判所が口頭弁論の審理にあたる方式の違いに応じて、集中審理主義と併行審理主義の区別も存在します。

集中審理主義とは、裁判所がある事件の口頭弁論を審理する場合に、その事件について集中的に審理を行い、その期間中は、別の事件の審理を行わない方式をいいます。その事件の口頭弁論が終結後に、別の事件の口頭弁論を審理することになります。

これに対して、併行審理主義とは、裁判所が複数の事件を並行して、口頭弁論の審理を行う審理方式をいいます。

集中審理主義では、裁判所がその事件に集中でき、原則として手続が中断せずに終結するため、記憶も鮮明なうちに裁判官が心証形成を行うことが可能です。しかし、1つの事件が終結しないと別の事件の審理ができないのでは訴訟経済に反するので、一般に併行審理主義が採用されています。

2 口頭弁論を迅速に行うための制度

適時提出主義

　当事者は、攻撃防御方法（主張や証拠の申出のこと）を訴訟の進行状況に応じた適切な時機（時期）に提出しなければなりません。これを適時提出主義といいます。もし当事者が故意か重大な過失により、時機を外した攻撃防御方法の提出をした場合、それにより訴訟の進行が遅れたと認められれば、裁判所は、当事者の申立てや職権によって、その攻撃防御方法を却下できます。これを時機に遅れた攻撃防御方法の却下といいます。

口頭弁論の制限・分離・併合

　民事訴訟の審理が適正・迅速に進行するよう、裁判所には審理を主宰する権能が与えられています。その具体的な内容として、口頭弁論の制限・分離・併合が挙げられます。

　口頭弁論の制限とは、争点が多岐にわたる場合、審理を整序するため、口頭弁論の審理を特定の争点に絞ることです。

　口頭弁論の分離とは、複数の請求を１つの手続で審理している場合、ある請求を別の手続に分けて審理することです。

　口頭弁論の併合とは、同一の裁判所に係属している複数の請求を、１つの訴訟手続にまとめて審理することです。

裁判所と当事者の役割

　民事訴訟においては、当事者双方が主張や証拠を提出し、主導的・積極的に訴訟に関わり、裁判所は中立な立場から双方の主張について判断をする役割を担います（当事者主義）。し

第3章 ■ 訴訟の審理

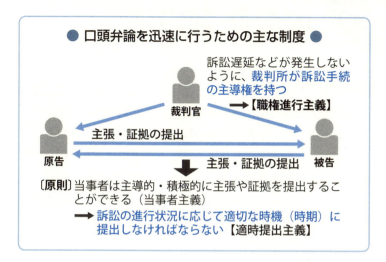

かし、当事者主義の原則は、当事者双方が対等の力を持つときに機能するもので、法人対私人といった力の差がある場面では、当事者にすべてを委ねるわけにはいきません。また、訴訟手続を当事者の自由に任せると、訴訟遅延が発生するなどの不都合が生じます。

そこで、訴訟手続の主導権（指揮権）を裁判所に認める職権進行主義を導入して、当事者主義の弊害を修正しています。

責問権の喪失

裁判所や相手方の訴訟行為において、訴訟手続に関する規定に違反がある場合は、異議を述べてその無効を主張する権利があります。この権利を責問権といいます。ただし、違反を知っている場合や、知ることができた場合において、合理的な理由もなく異議を述べることが遅れた場合には、異議を述べる権利を失います。これを責問権の喪失といいます。

3 攻撃防御方法

攻撃防御方法とは

攻撃防御方法とは、当事者が自己の主張を理由付けるために行う、一切の事実上や法律上の陳述と証拠の提出のことをいいます。原告は攻撃方法として、自己の請求に対する理由付けとなる陳述や証拠提出をします。一方、被告は防御方法として、棄却や却下を求める答弁に対して、その理由付けとなる陳述や証拠提出をします。

否認と自白

相手方が主張した事実に対し、それを否定する陳述のことを否認といいます。たとえば、貸金返還請求訴訟において、「被告に10万円を貸し付けた」とする原告の主張に対し、被告が「借りていない」とする陳述が否認です。そして、単に相手方の主張を否定する陳述のことを単純否認といいます。これとは別の否認方法として、たとえば「確かに10万円を受け取ったが、それは借りたのではなくもらったのだ」と理由を付けて相手方の主張を否定する陳述もあり、これを積極否認といいます。また、否認とは別の主張として「そのような事実は知らない」とする陳述があります。これを不知といい、不知は否認をしたものと推定されます。

否認や不知については、その陳述を行う当事者には立証責任がなく、相手方が事実の存在についての立証責任を負います。上記の例では、原告が「10万円を被告に貸し付けた」とする事実を立証することになります。

第3章 ■ 訴訟の審理

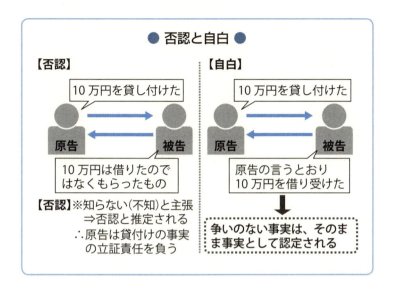

　次に自白とは、原告の主張を認めることをいいます。たとえば「原告の主張のとおり、10万円を借り受けた」と陳述すると、被告が自白したことになります。自白をした事実については、当事者間に争いのない事実として、裁判所はそのまま判決の基礎としなければなりません。自白した事実については、証拠調べが不要になりますので、原告はその事実について立証責任を負いません（弁論主義の第2テーゼ⇨P.96）。

　いったん自白をすると、後になって自白を撤回したり、自白した内容に矛盾することを主張することができなくなります。ただし、①自白の内容が真実に反し、それが錯誤によってなされた場合、②自白が相手方や第三者の詐欺・強迫によってなされた場合、③自白の撤回について相手方の同意がある場合は、例外的に自白の撤回が認められます。

　自白に関連して、一方当事者の主張に対する他方当事者の

応答として、沈黙があります。これは、一方当事者が主張した事実に対して、他方当事者が争うかどうか明らかにしない場合（争う姿勢を見せない場合）であり、原則として自白があったものとみなされます（擬制自白）。また、口頭弁論期日に欠席すると擬制自白が認められる場合もあります。擬制自白とみなされると、裁判所は擬制自白の内容に拘束されますが、当事者間ではこれに拘束されません。そのため、後に続く口頭弁論期日において争う態度に出ることもできますが、これが適時提出主義に反するもの（時機に後れた攻撃防御方法）として、攻撃防御方法の提出が却下される可能性はあります。

抗弁とは

相手方の主張を退けるため、相手方が主張する事実と両立可能な新たな事実を主張することを抗弁といいます。ここで重要となるのは「両立可能な新たな事実」という点です。

たとえば、貸金返還請求訴訟において、原告の「10万円を貸し付けた」との主張に対して、被告が「10万円を借り受けたのは確かだが、すでに弁済した」と主張したとします。この場合、原告が主張する「10万円を貸し付けた」という事実と、被告が認めた「10万円を借り受けた」という事実は、両者の言い分が内容的に一致（両立）しています。この両立した事実に対して、「10万円はすでに弁済した」という新たな主張をすることで、10万円の返還を求める原告の主張を退けようとするのが抗弁です。

抗弁の場合は、それを主張する側が立証責任を負います。つまり、上記の例では、被告の側が「原告に10万円を弁済した」という事実を立証しなければなりません。

否認と抗弁の違い

否認と抗弁との違いは、主張する事実が両立するか否かの点にあります。つまり、否認の場合は、原告の主張する事実と被告の主張する事実が両立しないのに対して、抗弁の場合は、その両者が両立します。

前述の例でいうと、原告が「10万円を貸し付けた（金銭消費貸借）」と主張したのに対し、被告が「確かに10万円を受け取ったが、それは借りたのではなくもらったのだ（贈与）」と主張すれば、10万円の授受について、原告は金銭消費貸借を主張し、被告は贈与を主張しており、両者の言い分は一致しません。これは、主張する事実が両立の関係にないということです。

一方で、被告が「10万円は受け取ったが、すでに弁済した」と主張すれば、10万円の授受に対して、両者の主張は金銭消費貸借の点で一致しており、両立の関係にあります。

以上は、否認と抗弁の形式的な違いですが、立証責任を誰が負うのかという実質的な点でも違いがあります。

前述の例でいうと、「10万円は借りたのではなくもらったのだ」と被告が否認した場合は、原告の主張である「金を貸した」という事実は否定されているので、原告としては「あげたという事実はない、確かに貸したのだ」と自身の主張を裏付ける立証が必要になります。つまり、原告が立証責任を負います。

一方、「10万円は借りたが、すでに弁済した」と被告が抗弁した場合は、原告の主張である「金を貸した」という事実については争わず、弁済によって原告の権利は消滅したと主張しているので、その根拠について、被告が立証責任を負うことになります。

4 争点整理手続

なぜ争点整理手続が必要なのか

　口頭弁論期日に当事者が漫然と陳述をすると、充実した審理を行うことはできません。限られた時間の中で、効率よく迅速に審理を行うためには、事前に争点や証拠を整理しておく必要があります。そこで、判決の基礎となる事実関係について当事者間に争いがあり、争点や証拠の整理を行う必要がある事件については、争点整理手続が必要になります。

争点整理手続の種類

　争点整理手続には、準備的口頭弁論、弁論準備手続、書面による準備手続の3つの手続があります。

① 準備的口頭弁論

　準備的口頭弁論とは、争点や証拠の整理のために実施される口頭弁論のことです。あくまで口頭弁論なので、当事者には出頭が要請され、公開法廷の場で行われます。裁判所は、準備的口頭弁論が必要と判断すれば、当事者の意向にかかわらず、準備的口頭弁論を開くことができます。

② 弁論準備手続

　弁論準備手続とは、争点や証拠の整理のために、口頭弁論とは別に実施される手続のことです。裁判所は、当事者の意見を聴いた上で、弁論準備手続の開始を決定します。一方、手続開始後に裁判所が相当と認める場合は、職権で開始決定を取り消すことができます。当事者双方からの申立てがあった場合は、開始決定を取り消さなければなりません。

第3章 訴訟の審理

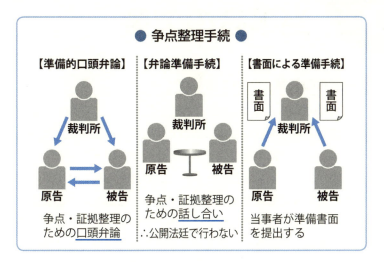

　弁論準備手続は口頭弁論ではないため、公開法廷の場で行うものではなく、裁判官と当事者が会議室のテーブルを囲んで話し合う形になっています。また、裁判所が相当と認める第三者や、当事者による申出によって指名された第三者で手続に支障を及ぼすおそれのない者は、傍聴をすることができます。

　また、弁論準備手続を開始する際に、当事者の一方が遠隔地に住んでいて裁判所への出頭が困難であるような場合には、相手方当事者が出頭していることを条件に、一方の当事者には電話による会議に参加させて手続を進めることができます。

③　書面による準備手続

　書面による準備手続とは、当事者双方が裁判所に出頭することなく、当事者が準備書面（自らする主張と証拠の申出を相手方に予告するための書面のこと）を裁判所に提出して、争点や証拠の整理をする手続のことをいいます。必要と認める場合は、この手続を電話会議によって行うこともできます。

5 当事者の欠席

当事者の欠席についての規定

　裁判所が原告の請求について判決をするには、必ず口頭弁論を開いて審理を行わなければなりません(必要的口頭弁論)。つまり、訴訟手続の進行は当事者の出席が前提となります。

　しかし、この原則を貫くとすれば、口頭弁論期日に当事者が欠席した場合に審理を行うことができなくなるため、訴訟手続が著しく遅延するおそれがあります。このような事態は、訴訟経済の要請(裁判所や当事者の経済的負担などをできる限り軽くする要請のこと)に反することになります。

　そこで、当事者が欠席した場合においても、訴訟手続の進行に対する影響をできる限り軽減する方策が必要になります。

当事者の一方が欠席した場合

　当事者の一方が欠席した場合の取扱いについては、最初の口頭弁論期日の場合と、2回目以降の口頭弁論期日(続行期日)の場合とで異なります。

　最初の口頭弁論期日の場合は、原告が欠席すると、訴状や準備書面に記載された事項を原告が陳述したものと扱います。被告が欠席すると、答弁書や準備書面に記載された事項を被告が陳述したものと扱います。これを陳述擬制といい、欠席者が出廷しているのと同様に手続を進行させます。

　一方、続行期日の場合は、当事者の一方が欠席すると、準備書面を提出していても、欠席者の陳述擬制は行われません。この場合、前述した擬制自白が欠席者に生じたり、口頭弁論が終

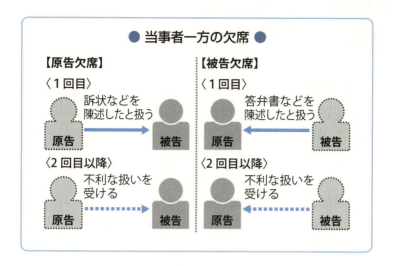

了し、欠席者に不利な判決が言い渡されるなど、欠席した当事者が不利な扱いを受けることになります。

なお、簡易裁判所の場合は、続行期日についても欠席者の陳述擬制が行われます。

当事者双方が欠席した場合

当事者双方が期日（第1回期日か続行期日かは問いません）に欠席した場合は、審理が行われません。この場合、裁判所が職権で新たな期日を定めることもできますが、通常は当事者からの期日指定の申立てにより、新たな期日が指定されます。この期日指定の申立てを当事者が1か月以内にしなかった場合や、連続2回にわたり当事者双方が期日に欠席したときは、訴訟追行の意思がないと判断し、訴えを取り下げたとみなされます。

もっとも、当事者双方が欠席した場合においても、裁判所は、判決の言渡しと証拠調べをすることができます。

6 弁論主義

弁論主義とは

弁論主義とは、判決の基礎となる事実の主張や証拠の提出を、当事者の権能や責任に委ねる原則のことです。民事訴訟法は弁論主義に関する明文規定を設けていません。では、弁論主義を採用しているのはなぜでしょうか。

民事訴訟の目的は、私人間の紛争を解決することにあり、私人間の紛争は本来、私的自治の原則によって解決されるべきものですから、訴訟の当事者が紛争解決のためにするさまざまな活動は、当事者の権利と責任において行うべきものです。さらに、紛争の背景にある権利義務関係や法律関係は、当事者が最もよく把握しているのであって、裁判所がうかがい知るものではありません。そのため、事実の主張と証拠の収集は当事者自身に委ねるほうが効率的であると考えられるからです。

弁論主義の3つのテーゼ

弁論主義には3つのテーゼ(命題)があると説明されています。そこで、3つのテーゼについて、原告が貸金返還請求をしている場面を例にして考えてみます。

第1テーゼは、「裁判所は、当事者の主張しない事実を判決の基礎(根拠)とすることができない」というものです。たとえば、貸金返還請求の審理を進める中で、その貸金について消滅時効が成立していると裁判所が気づいたとしても、被告が抗弁を主張しない限り、裁判所はそれを判決の基礎にはできません。

第2テーゼは、「裁判所は、当事者間に争いのない事実は、

弁論主義の3つの内容

【第1テーゼ】裁判所は、当事者の主張しない事実を判決の根拠にできない
(例)
裁判官「その債権は時効消滅していますよ」✗

【第2テーゼ】当事者に争いのない事実は、そのまま判決の根拠にしなければならない
(例)
裁判官「本当は別の事実があるのではないですか？」✗

【第3テーゼ】争いのある事実の認定は、当事者が申し出た証拠に基づいて行う
(例)
裁判官「この事実については、私が収集した○○の証拠に基づいて判断します」✗

そのまま判決の基礎としなければならない」というものです。たとえば、被告が「確かに借りたが、返す金がない」と陳述した場合、金銭の授受と返還約束という判決を基礎付ける事実について当事者間には争いがない（裁判上の自白といいます）結果となり、原告の勝訴判決が言い渡されます。もし証拠調べの中で裁判所が「被告は金を受け取っていないのではないか」という心証を得たとしても、裁判所は原告の敗訴判決を言い渡すことができません。第2テーゼが示すのは、裁判所は自白に拘束されることです。

第3テーゼは、「当事者間で争いのある事実を裁判所が認定するときは、当事者が申し出た証拠に基づき行わなければならない」というものです。これは、証拠の提出は当事者の責任においてなされるべきであって、裁判所が職権により証拠を収集してはならない（職権証拠調べの禁止）ということです。

弁論主義における事実とは何か

　訴訟の中で当事者が主張する事実は、それが訴訟上どのように機能するのかという観点から、主要事実、間接事実、補助事実の3つに分類して説明されています。これら3つの事実について、貸金返還請求訴訟を例にして具体的に考えてみます。

① 主要事実

　主要事実とは、ある法律効果が発生するために必要な事実のことをいいます。たとえば「貸した金銭を返せ」と主張できる権利が発生する（法律効果）ための条件は、ⓐ金銭を相手方に貸し渡した事実（金銭授受の事実）、ⓑ相手方が金銭の返還を約束した事実（返還約束の事実）、ⓒ支払期日を合意した事実、ⓓ支払期日が過ぎた事実（弁済期の事実）の4つの事実がそろうことです。これら4つの事実が主要事実です。主要事実の立証に成功すると、確かに被告には貸金返還義務があると認められます。

② 　間接事実

　間接事実とは、主要事実の存在を推認することができる具体的な事実のことをいいます。たとえば、被告はこれまで光熱費すら滞納するほど金に困っていたが、原告が主張する金の受け渡しのあったとする日を境に急に羽振りがよくなった、という事実があったとします。この具体的な事実によって、少なくとも被告は何らかの手段で金を手にしたと思われ、それは原告から金を借りたことが原因であろうとの推認が働くわけです。

　ただし、間接事実のみをもって、主要事実である金銭授受の事実が認められることはありません。あくまでも推認が働くだけであって、その他の事実や証拠などを総合して、最終的に主要事実の存否が証明されるかどうかが問題となります。

③ 補助事実

補助事実とは、提出された証拠の証明力（信用性）に影響を与える事実のことをいいます。たとえば、被告が抗弁として「その金はすでに弁済した」と主張し、その証拠として原告が発行したとする領収書を提出したとします。これに対し、「領収書は偽造されたものであって、偽造を手助けするため、原告が管理する印鑑を持ち出した」と証言する証人が現れたとします。この場合、領収書を偽造したという事実は、その領収書の証明力に影響を与える（信用性を失わせる）有力な事実となります。

弁論主義と間接事実・補助事実

弁論主義の内容を示す3つのテーゼに、「当事者の主張しない事実（第1テーゼ）」「争いのない事実（第2テーゼ）」「争いのある事実（第3テーゼ）」というように、「事実」という表現がありますが、ここでいう「事実」とは、先に分類した3つの事実のうちどれを指すのかが問題となっています。

判例や学説の多くは、主要事実が弁論主義の示す「事実」であるとしています。これは、間接事実と補助事実については、弁論主義でいうところの「事実」としては認められていないということです。それは次のような理由からです。

つまり、提出された陳述や証拠から、裁判所がどのような心証を得て、どんな事実認定に至るのかは、裁判所の自由であるという原則（自由心証主義）がありますが、間接事実や補助事実は証拠と類似した役割を担うので、裁判所がそれらによる拘束を受けると、自由心証主義が害されることになるからです。

7 弁論主義と釈明権

釈明権とは

　事件の内容をなす事実関係や法律関係を明らかにするために、裁判所が、当事者に対して事実上や法律上の事項について質問を行ったり、立証を促したりする権能が裁判所には与えられており、この権能を釈明権といいます。

　釈明権の行使には、①当事者が必要な申立てや主張をしているものの、それらに不明瞭な点や前後矛盾などが見られる場合に、これを問いただす消極的釈明と、②当事者が必要な申立てや主張をしていない場合に、これを示唆（指摘）する積極的釈明があります。

弁論主義と釈明権の関係

　民事訴訟では弁論主義が採用されているので、判決に必要な資料の収集や提出は、当事者の権能と責任においてなされます。言い換えると、当事者が主張しない事実や提出しない証拠を、裁判所は考慮する必要がないということになります。

　しかし、本来は勝訴できるはずの当事者が、ある事実を主張しないという不手際によって敗訴しても、それが弁論主義に基づいた結果だとして、取り合ってもらえないのであれば、当事者はもとより、国民一般の裁判に対する信頼が揺らぐでしょう。弁論主義を形式的に適用することで生じるこうした不都合を補うため、釈明権の行使が必要になります。

　裁判所は、当事者が収集・提出した資料を基礎として判決を言い渡すため、その前提として、訴訟資料（当事者の弁論から

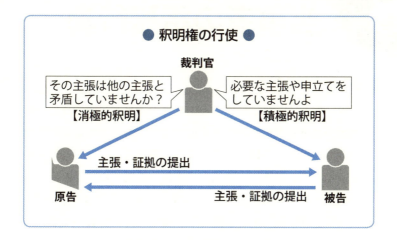

得られた資料のこと）が明瞭であることが求められます。よって、裁判所による消極的釈明は、当然に認められるべきでしょう。

では、裁判所による積極的釈明はどうでしょうか。これを認めると、裁判所が一方の当事者に肩入れしたことになり、弁論主義に反するのではないかという問題があります。

これに関して、判例・学説の多くは、基本的に積極的釈明を認めています。たとえば、当事者の一方は弁護士がついていて、他方の当事者はついていない場合、どちらが有利かは歴然としています。この場合に弁論主義を形式的に適用すると、主張や立証はあくまで当事者に責任があるため、その方法が稚拙である当事者は敗訴してもやむを得ないことになり、弁護士に依頼できない者は不利な裁判を強いられ、実質的に公平な紛争解決は期待できません。そこで、適切な釈明権の行使としての積極的釈明を認める必要があるわけです。ただし、程度を超えた積極的釈明権の行使は、裁判所の越権行為として違法となることがあります。

8 当事者の訴訟行為

当事者の訴訟行為とは

訴訟行為とは、訴訟法によって要件・効果が規定されている裁判所や当事者の行為のことをいいます。当事者の訴訟行為には、訴えの提起や各種の申立てなど、裁判所に一定の行為を要求する行為や、法律上・事実上の主張（陳述）など、一定の事実や法律上の事項を裁判所に報告する行為があります。また、訴えの取下げや裁判上の和解など、裁判所が当事者の意思に法律効果を与える行為も、訴訟行為にあたります。

訴訟契約とはどんなことをするのか

訴訟契約とは、訴訟法上の法律効果の発生を目的としてなされる当事者間の合意のことをいいます。たとえば、契約に関する紛争が生じた場合、どこの裁判所に訴えを提訴するかを当事者間の合意で決めておくという管轄の合意が挙げられます。管轄の合意については民事訴訟法に規定があり、紛争が生じた場合は合意に基づいて管轄裁判所が定まるという法律効果が発生します。

このように、明文規定がある訴訟契約がある一方で、明文規定がない訴訟契約もあります。明文に規定のない訴訟契約の例として、不起訴の合意というものがあります。これは、ある契約に基づく法律関係について紛争が生じたとしても、裁判所に訴えを提起しないとする当事者間の合意のことです。

もっとも、明文規定がない訴訟契約については、訴訟手続の内容を当事者の合意によって任意に変更することは許されない

第3章 ■ 訴訟の審理

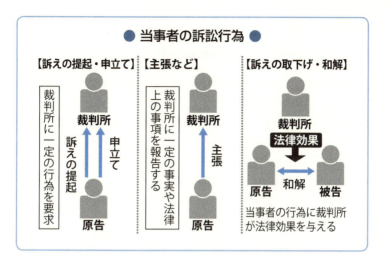

という原則（任意訴訟の禁止）があることから、そのような訴訟契約が認められるかどうかが問題となります。

訴訟上の形成権の行使

　一方の当事者が訴訟上で形成権（意思表示だけで法律関係を変動させる権利のこと）を行使する場面があります。たとえば、貸金返還請求訴訟で、原告の「10万円を返せ」の主張に対して、被告が「原告に対する10万円の貸金債権で相殺する」と相殺の抗弁を主張する場面です。相殺は民法が認める形成権ですから、本来は相殺の抗弁を主張した時に相殺の効果が発生する（両債権が対当額で消滅する）はずです。しかし、訴訟上で形成権を主張した場合は攻撃防御方法としての意味をもち、もし時機に後れた攻撃防御方法として裁判所が却下した場合は、形成権の効果が否定される、つまり相殺の効果が生じないと考えるのが多数説です。

103

Column

訴訟を起こす前の準備が勝敗の分かれ目？

　民事訴訟において、最終的に判断をするのが裁判所であることは間違いありません。そして、裁判所が言い渡す判決は、客観的な見地から公平・公正に示されます。しかし、裁判は、訴えの提起以前の準備いかんによって勝敗に大きな差を生じます。裁判のカギは、訴訟を起こす以前の段階にかかっているといってもよいくらいなのです。

　まず、訴えを提起しようとする者は、紛争の対象について正確な事実関係を把握するよう努める必要があります。そして、訴訟に至った後を想定して、争いになりそうな事実の有無や、争いになった場合に、どのような証拠で自らの主張の正当性を根拠付けるのかといったことを、あらかじめ想定して、必要な資料を収集する努力が求められます。これは、訴訟において争いのある事実については、当事者が主張立証の責任を負っていること（弁論主義の第１テーゼ）に対応しています。場合によっては、弁護士に相談し、事前に必要な資料を収集することで、後の訴訟手続をスムーズに進行し、自己に有利な展開を作ることができます。

　たとえば貸金の返還請求訴訟を提起するのであれば、債務者（被告）に対して、債権の弁済を求めていたのか否かが、債権の存在や消滅時効などとの関係で問題になる場合があります。そこで、事前に内容証明郵便による請求を行うことで、後に請求の事実を客観的に証明することが可能になります。また、土地の所有権の確認を求める訴えを提起するのであれば、裁判所に対して、不動産登記事項証明書や、固定資産課税台帳登録証明書などを提出する必要があります。

第4章

証拠調べ

1 証拠調べと証拠能力・証拠価値

事実認定と証拠の関係

　民事訴訟において、客観的に自明な事実であれば、当事者（原告と被告）は、それが正しいことを裁判官に納得させる必要はありません。しかし、争いがある事実については、自身にとって有利な判決を得るため、互いの言い分をぶつけ合います。

　そして、自身の言い分がいかに正しいのか、それを裁判官に納得させたほうが勝つ——それが民事訴訟です。

　一方で、どちらの言い分が正しいのかを判断する裁判官の立場に立つと、当事者とは初対面なので、当事者がどのような者なのかは知る由もないですし、対象となる事件をつぶさに見ていたわけでもありません。当事者が真剣に「私は真実を語っています。私の言うことを信じてください」と迫ったところで、その言葉を鵜呑みにするわけにはいきません。つまり、その言葉を根拠として公平で適切な判断を言い渡すことはできません。

　裁判官が「この人が主張している事実の真相は○○である」と認定することを事実認定といいますが、何を拠り所にして事実認定を行うかというと、それは確かな証拠です。裁判官にとって実際のところ真相はどうなのかがわからない事実について、さまざまな証拠を突き合わせ、客観的で合理的な推論を重ねて、「事実の真相は○○である」という確信に近い結論を得るに至るまでの作業が事実認定です。こうした綿密な事実認定を経て、裁判官は、当事者に多大な影響を及ぼす権利や法律関係の存否について、判決を言い渡すことができるわけです。

第4章 ■ 証拠調べ

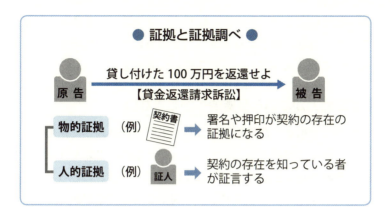

証拠と証拠調べ

　民事訴訟における証拠は、権利や法律関係の存否を判断する根拠になるものです。

　たとえば、原告が「貸した100万円を返してくれ」とする貸金返還請求訴訟を起こした場合、原告が主張する「被告に100万円を貸した」とする事実は、具体的にどのような証拠を示せば、その存在を裁判官に納得させられるのでしょうか。

　まず考えられるのは、原告と被告との間で交わされた契約書です。契約書に当事者が印鑑を押しているか、自筆の署名をしていれば、裁判官は「確かに原告の言い分は正しいかもしれない」との印象を抱くでしょう。このように、契約書などの文書や物件による証拠を物的証拠（物証）といいます。一方、物的証拠がなければ、100万円の貸し借りの事実を知る人を証人として裁判所に呼んで、証言してもらう方法もあります。このように、人の言葉による証拠を人的証拠（人証）といいます。

　以上のように、裁判官が証拠調べをするために利用する物的証拠や人的証拠のことを、法律用語で証拠方法といいます。民

107

事訴訟法は、この証拠方法の種類別に証拠調べの具体的な手続を定めており、後述するように、契約書については書証、証人については証人尋問といった手続が行われます。

証拠能力がないと証拠調べができない

当事者が用意した証拠は、これが実際に証拠調べで採用されるかどうかが問題となります。せっかく集めた書類や証言なども、それが証拠として認められなければ、当事者にとって何の助けにもなりません。証拠として利用できる資格があることを証拠能力といいます。裁判所は、当事者から提出されたものに証拠能力があるか否かの検討を行い、証拠能力がないと判断したものは、証拠調べの対象から外さなければなりません。

では、証拠能力のある証拠とは、どのようなものでしょうか。この点は、民事訴訟法と刑事訴訟法で大きく異なります。証拠能力について厳しい制限がある刑事訴訟法に対して、民事訴訟法では、原則として証拠能力に関する制限がありません。つまり、どのようなものであっても、原則として証拠能力が認められ、裁判官が証拠調べをするために利用できます。このことを「証拠方法の無制限」と呼ぶことがあります。

たとえば、相手方と交わした契約書はもちろん、自分で書いたメモ、日記、webサイトを印刷したものなど、書面に関していえば、あらゆるものが証拠となります。また、自分で経験したことではなく、他人から伝え聞いたこと（伝聞証拠）は、刑事訴訟では証拠能力を否定するのが原則であるのに対し、民事訴訟では伝聞証拠にも証拠能力を認めています。

このように、あらゆるものに証拠能力を認めますが、一部の例外があります。たとえば、手形訴訟や小切手訴訟においては、

実物の手形や小切手などの書証だけに証拠能力を認めており、それ以外のものには証拠能力を認めないのが原則です。

証拠調べ後の証拠価値

証拠調べの結果、裁判官がそこから得た具体的な情報のことを証拠資料といいます。そして、証拠調べで得た証拠資料が、どの程度証明すべき事実認定に役立つのか（価値があるのか）を表すのが証拠価値です。事実認定にどの程度の影響力があるのかという視点から証拠力ともいいます。

証拠能力はあらゆるものに認められますが、証拠調べの結果、裁判官にどのように評価されるのか（証拠価値）は別問題となります。たとえば、当事者の印鑑が押されていない契約書であっても、その証拠能力は否定されません。しかし、当事者間で契約を結んだか否かを証明するものとしては、印鑑のない契約書では、それを証明する力は弱いといわざるを得ません。つまり、印鑑のない契約書は証拠力が低いということです。

一方で、当事者双方の実印が押されている契約書はどうでしょうか。当事者の一方が実印を勝手に持ち出して偽造した契約書であるといった特殊事情でもない限り、契約の存在の事実の裏付けとしては証拠力が高く、有力な証拠となります。

また、契約書は、同一内容のものを2部作成し、それぞれに当事者が記名押印をするなどして、当事者双方が1部ずつ保管することが慣例ですが、1部だけ原本を作成し、もう1部はコピーで済ませることもあります。この場合、原本とコピーでは証拠力が異なってきます。原本により高い証拠力が認められるのは当然でしょう。

2 証明が必要な事実

証明と疎明の関係

　AがBに対して、甲絵画の引渡しを求めて訴えを提起したとします。この訴えについて、裁判所は、訴えを認めて「BはAに対して甲絵画を引き渡せ」と判決するか、訴えを認めずに「Aの請求を棄却する」と判決することになります。

　このとき、BがAの詐欺を理由にAB間の売買契約を取り消すと反論し（民法96条1項）、これをAが否定した場合、裁判所は「AがBをだました事実」があったか否かを認定しなければなりません。そこで、AとBは、裁判所に対して「AがBをだました事実」の存否について、自己に有利な心証を抱いてもらうため、関連する証拠を提出します。この訴訟活動を通じて、裁判官は「AがBをだました事実」の存否について心証を形成します。そして、裁判官が心証を形成するに至った状態を証明といいます。言いかえると、証明とは、裁判官の心証の程度が、証明度（事実認定をするために裁判官の達すべき心証の程度のこと）を超えた状態のことを指します。

　では、裁判官の心証がどの程度に達すれば、証明がなされたといえるのでしょうか。判例は、一点の疑いも許されない自然科学的証明ではなく、経験則に照らして「高度の蓋然性」があれば足りるとしています。そして、高度の蓋然性があると判断するためには、通常人（一般の人々）が疑いを差し挟まない程度に真実であると裁判官が確信できることが必要です。

　これに対して、裁判官が確信するまでには至らず、「おそらく確かなのだろう」という推測をする状態を疎明といいます。疎

● 証明が必要な事実 ●

【証明が必要な事実】→ 主要事実（権利の発生・変更・消滅に関する事実）

原告A（買主） ─ 買い受けた甲絵画を引き渡せ → 被告B（売主）

【売買契約】
〈主要事実〉①売主から買主への目的物引渡しの約束
②買主から売主への代金支払いの約束
⇒ 原告は主要事実について証明責任を負う

明は、即時に取り調べられる証拠によってしなければなりません。また、疎明は、証明よりも証明度が軽減されたものという性質があるため、判決の基礎となる事実は、疎明では足りず、証明でなければなりません。

　たとえば、訴訟の結果について利害関係を有する第三者は、当事者の一方を補助するため、その訴訟に参加することができます。これを補助参加（⇨ P.174）といいます。しかし、当事者が補助参加について異議を述べたときは、裁判所が補助参加の許否について判断しなければなりません。そのとき、補助参加を申し出た者は、参加の理由を疎明すれば足ります。

　このように、迅速に判断しなければならない事項や、派生的な手続に関する事項は、疎明で足りると考えられています。

証明が必要な事実とは

　判決の基礎となる事実は、当事者間で争いのない事実などを除いて、証明が必要になります。訴訟において、当事者によっ

て主張される事実には、いくつか種類があります。

まず、権利の発生・変更・消滅という法律効果を判断するのに必要となる抽象的な法律要件のことを**要件事実**といいます。たとえば、売買契約は「目的物引渡しの約束」と「代金支払いの約束」が要件事実です。そして、この要件事実にあたる具体的な事実のことを**主要事実**といいます。上記の例でいうと、BはAに対して、甲絵画を代金100万円で売ったという事実です。

また、主要事実の存否を経験則によって推認させる具体的な事実を**間接事実**といいます。たとえば、「BがAから100万円を受け取った」という事実があれば、甲絵画の売買契約を推認することができます。そのため、この事実が間接事実となります。

さらに、証拠の証拠能力や証拠力に影響を与える事実を**補助事実**といいます。たとえば、Cが「AB間の甲絵画の売買契約に自分が立ち会った」と証言したとしましょう。しかし、CがAの従順な弟子であるという事実があれば、この事実がCの証言の証拠力を低下させる補助事実となります。

以上の主要事実、間接事実、補助事実は、いずれも証拠によって証明が必要な事実です。これを要証事実といいます。

証明を要しない事実

判決の基礎となるような事実であっても、証明を要しない事実もあります。

まず、**顕著な事実**は証明を要しません。顕著な事実は証拠により証明するまでもなく、公正性や客観性を持っているため、証明する必要がないと考えられています。顕著な事実の具体的な内容としては、「公知の事実」と「職務上顕著な事実」とがあります。

公知の事実とは、通常の知識を持っている一般人であれば、誰もが知っている事実のことをいいます。

　たとえば、歴史上有名な事件であるとか、ある大災害がいつどこで起きたのかといった事実が公知の事実にあたります。ただ、どのような事実が公知の事実にあたるかについては、特に法律で定められているわけではなく、訴訟手続の中で個別具体的に判断することになります。たとえば、「携帯電話の留守電機能は、10回以上コールがされないと録音されない」といったことが公知の事実として認定された裁判もあります。

　次に、**職務上顕著な事実**とは、裁判官がその職務を通じて知った事実のことをいいます。

　たとえば、裁判官が、以前別の裁判について言い渡した判決は、裁判官がその職務を通じて知った事実といえます。また、ＡがＢに対して甲絵画の引渡しを求める訴訟において、Ｂが口頭弁論期日に「ＡＢ間の売買契約を取り消す」という意思表示をしたとします。この意思表示をしたという事実は、裁判官が職務を通じて知った事実であるため、証明の必要がありません。

　もうひとつ、当事者間に争いのない事実についても証明をする必要はありません。これは**裁判上の自白**のことを指しており、弁論主義のあらわれといえます。つまり、弁論主義の第３テーゼは、当事者に争いのない事実は、裁判所はそのまま判決の基礎としなければならないとします。そのため、裁判上の自白について、裁判所は証拠調べを実施することができず、この自白の内容に拘束されます。つまり、当事者は、自分たちの間で争いのない事実について証明する必要がなくなります。

3 裁判上の自白

原告に対する被告の対応

　原告の主張に対する被告の応答は、否認、不知、沈黙、自白に分類されます。ここでは、自白について説明します。

　自白とは、口頭弁論や争点整理手続において、相手方が主張した事実のうち、自己に不利となる事実について認める陳述をすることをいいます。たとえば、原告が被告に貸した100万円の返還を求めて訴えを提起した場合、原告の主張である「被告に100万円を渡した」とする事実に対して、被告が「確かに受け取りました」と認めれば、金銭の授受の事実を自白したことになります。被告からすると、100万円を受領した事実を認めることは、自身が不利な立場に立たされることを意味します。このように、自己に不利な事実を認めることが自白です。

　そして、自白が成立した事実については、裁判所はこれを判決の基礎としなければならず、証拠によって証明する必要がなくなります（弁論主義の第3テーゼ）。上記の例では、原告は100万円を貸し渡した事実を証明する必要がありません。

自白の対象

　自白の対象となる事実について、主要事実はその対象となります。問題となるのは、間接事実や補助事実も自白の対象となるかということです。判例や学説の多くは、間接事実や補助事実を自白の対象とは認めていません。つまり、間接事実や補助事実について自己に不利となる事実を認めたとしても、裁判所はそれを判決の基礎にはできないということです。

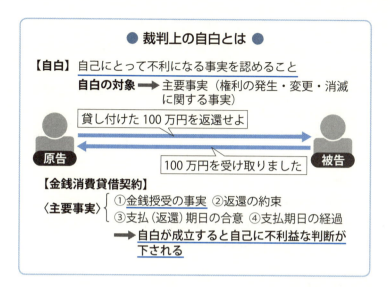

　自白の対象として、もう1つ権利自白と呼ばれるものがあります。たとえば、Aが所有している甲土地をBが勝手に使っているため、AはBを被告として、所有権に基づく甲土地の返還請求訴訟を起こしたとします。この場合、裁判所がその存否を判断すべき権利は「甲土地の返還請求権」です。仮に、Bが甲土地の返還請求権については争う姿勢を見せながら、その一方で「甲土地の所有権はAにある」という趣旨の陳述をしたらどうなるのでしょうか。

　土地の所有権は、その土地に対する返還請求権の前提となる権利です。「それは私の土地（所有権）だから、私には返せと言える権利（返還請求権）がある」ということです。このように、訴訟の目的である請求権（訴訟物）については争うものの、その前提となる権利や法律関係についてはその存在を認めた場合、これを権利自白といいます。

上記の例では、Bが甲土地の返還請求権を認める陳述をすれば、それは通常の自白となりますが、Bの自白は、あくまでも前提である甲土地の所有権についてです。問題となるのは、権利自白を通常の自白と同様に扱ってもよいかということです。

　自白の対象になるのは「事実」が原則であるところ、権利自白の対象は事実ではなく、「権利や法律関係」といった法的判断（法律の解釈・適用）を要するものです。法的判断は裁判所の専権であるため、それを当事者に委ねることはできません。

　以上の理由から、一般に権利自白については通常の自白としては認められず、裁判所は権利自白の内容を必ずしも判決の基礎とすることを要しないと考えられています。

自白の撤回

　自白には拘束力があり、裁判所だけではなく当事者も、その影響を受けます。つまり、自白をした当事者は、いったんした自白を後になって撤回することはできません。自白した内容と矛盾する事実を主張することもできません。もし自白の撤回を認めたとすると、自白をすることで争点から外しておきながら、裁判の終盤になってから一転して自白を撤回し、争点として戻すことが可能になりますが、それでは不意打ちとなり、相手方に多大な不利益をもたらすからです。

　また、相手方は自白の効果によって立証の負担が免除されたわけで、このような相手方の信頼は保護しなければなりません。この点は、自白した内容と矛盾する事実を主張することについても同様です。これらの理由から、自白の撤回や矛盾した主張は認められていません。

　なお、例外的に自白の撤回が認められることがあります。た

とえば、相手方が撤回に同意した場合です。相手方が立証負担の免除を自ら放棄するわけですから、自白の撤回を認めても差し支えないということです。また、自白が相手方や第三者による刑事上罰すべき行為によってなされた場合にも、撤回が許されます。刑事上罰すべき行為には、脅迫罪にあたる行為（刑法222条）などがあてはまります。

さらに、自白の内容が真実に反しており、しかもその自白が錯誤によってなされた場合も、撤回を認めてよいと考えられています。これは、当事者が勘違いなどで真実ではない自白をしたような状況ですが、当事者の真意ではない自白を認めるべきではないとの理由から、撤回を許してよいと考えます。

擬制自白

擬制自白とは、当事者が口頭弁論や弁論準備手続で、相手方が主張した事実について争う姿勢を見せない場合に、その事実を自白したものとみなすことをいいます。擬制自白が認められるのは、当事者が争う意思を明らかにしない以上は、争わないものと扱ってよいという考え方に基づきます。もっとも、争う姿勢を見せないと直ちに擬制自白が成立するわけではなく、口頭弁論終結時において、争う意思を明らかにしたか否かによって判断されるものですので、口頭弁論終結までの間に争う意思を明らかにすれば、擬制自白は成立しません。

また、当事者の主張内容の他、当事者の態度、証拠の提出時期など、口頭弁論に現れた一切の事情（弁論の全趣旨）から判断して、当事者が事実を争ったと認められる場合にも、擬制自白は成立しません。

4 自由心証主義と証拠共通の原則

自由心証主義とは

　裁判所は、事実認定をする際に、証拠調べの結果だけではなく、審理に現れたすべての資料や状況（弁論の全趣旨）を自由に評価することができます。これを自由心証主義といいます。裁判官が心証形成のために用いる内容（証拠資料といいます）が制限されず、裁判官が自由で決めることができます。

　ただ、自由に心証形成ができるといっても、恣意的な事実認定が許されるわけではなく、論理則や経験則に基づく合理的な事実認定であることが求められます。

　たとえば、交通事故の訴訟において、路面に残されたブレーキ痕の長さから、事故を起こした車がどれほどのスピードを出していたのかを判断する場面があったとします。このとき、スピードが速ければ速いほど制動距離が長くなるという考え方は、自然法則に従ったもの、つまり論理則から得られるものです。よって、ブレーキ痕が長いときは、かなりのスピードが出ていたと認定することが合理的といえます。

　また、契約書に当事者双方の印鑑が押されていれば、その契約書は当事者双方の意思に基づいて作成されているという考え方は、契約書作成時に印鑑を押すという商慣習からいえるもの、つまり経験則から得られるものです。よって、当事者の印鑑が押された契約書が存在する場合は、当事者間に契約の事実があったと認定することが合理的といえます。

　こうした論理則や経験則に基づく合理的な考え方を基礎として、心証形成を裁判官の自由に委ねることになります。

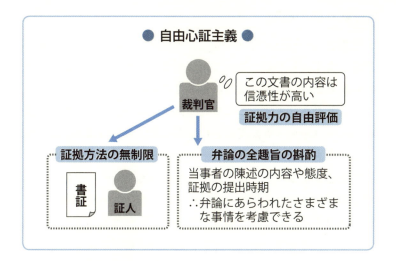

自由心証主義の内容

　自由心証主義の具体的な内容は、①証拠方法の無制限、②証拠力の自由評価、③弁論の全趣旨の斟酌の３つが挙げられます。弁論の全趣旨の斟酌については後に説明するとして、ここでは証拠方法の無制限と証拠力の自由評価について説明します。

　証拠方法の無制限とは、裁判官が事実認定のために用いる証拠方法（証拠調べの対象となるもの）には制限がなく、当事者が争わない事実に関するものなどを除き、あらゆるものが証拠方法となることを意味します。

　次に、証拠力の自由評価とは、裁判官が事実認定をするにあたって、ある証拠がどの程度の証拠力（証拠価値）をもつのか、その評価を裁判官の自由な判断に委ねることを意味します。ただし、公務員が作成した公文書は真正に成立したとの推定が働くなどの例外があり、このような場合、裁判官は、証拠の証拠力の評価について制限を受けます。

証拠共通の原則

　当事者は、自己に有利に働くことを期待して裁判所に証拠を提出します。しかし、その証拠は当事者に有利な事実認定に用いられるとは限らず、反対に相手方に有利な事実認定に用いられることもあります。これを証拠共通の原則といいます。当事者としては、相手方が提出した証拠に関する証拠調べの結果を、自己に有利に用いるように請求する必要がなくなります。

　自由心証主義の下では、提出された証拠を、その提出者に有利な事実認定のために用いなければならないという制約はなく、その証拠からどのような心証を形成するのかは裁判官の自由に委ねられています。したがって、提出者の意図に反するとしても、裁判官は自由な心証形成の結果として、相手方に有利な事実認定を行うことが許されます。

弁論の全趣旨

　裁判官は、証拠調べの結果の他、弁論の全趣旨を斟酌（考慮）して、制限なく自由に事実認定をすることができます。弁論の全趣旨とは、当事者や証人が陳述している時の態度、陳述の内容が二転三転していること、証拠の提出時期など、口頭弁論に現れた一切の事情のことをいいます。

　たとえば、口頭弁論において、当事者が陳述している様子を観察していると、どうも核心に触れる部分では声が小さくなり、目線が泳いで曖昧な言回しになるという状況があった場合、裁判官がそこから得る印象は、「この人の陳述した内容は怪しい、何かウソを言っているのではないか」といった疑念になるでしょう。裁判官は、そこから「この人はウソをついている」という心証を得て、事実認定を行うことができます。

自由心証主義をめぐる問題点

　自由心証主義の下では、原則として、いかなるものであっても証拠能力が認められます。

　では、違法な手段を用いて入手した証拠（違法収集証拠といいます）だとしても、それに証拠能力を認めてよいのでしょうか。仮に証拠能力を認めるとすれば、裁判に勝つためには法を犯してでも証拠力の高い証拠を手に入れるというように、違法行為の助長にもなりかねず、公平で適正な裁判は実現しません。一方、証拠能力を一切認めないとすれば、真実発見の手がかりを逃すことになりかねません。

　この問題について、最高裁の判例はまだありませんが、下級審の裁判例では、一定の場合に証拠能力が制限されるとしながらも、結果として証拠能力を認めるとする傾向があります。

　たとえば、宴席での会話を密かに録音したテープの証拠能力が問題となった事例では、「証拠が、著しく反社会的な手段を用いて、人の精神的肉体的自由を拘束するといった方法によって取得されたものである場合は、その証拠には証拠能力が認められない」との一般論を示しながらも、問題の事例では、録音の手段が著しく反社会的なものとはいえないとして、録音テープの証拠能力を肯定しています。

　これに対して、勝手に持ち出された信書や、無断で閲覧された電子メールの事例では、その収集の方法が反社会的であるとして、どちらも証拠能力を認めないと判断した下級審の裁判例もあります。

　このように、証拠能力を認めるか否かはケース・バイ・ケースであり、民事訴訟における違法収集証拠の証拠能力に関して統一的な基準というものはありません。

5 証明責任

証明責任の内容

裁判官が証拠調べによって事実の存否を認定しようとしたときに、いくら証拠調べを尽くしても、結果的に事実の存否が明らかにならない場合があります。特に判決をする際の決め手となる事実であれば、その存否を真偽不明のままにしておけません。このような場合に、当事者の一方が負担する不利益のことを証明責任といいます。

証明責任は、具体的には次のような場合に問題となります。たとえば、貸金の返還を求めて訴えを提起した場合、原告はいくつかの主要事実を主張しますが、そのうち「金銭の授受」について被告が否認した場合、原告は「金銭の授受」が真実であることを証明するため、裁判所に証拠調べを申し出ます。このとき、原告が提出した証拠の証拠力（証拠価値）が低く、証拠調べによって「金銭の授受」の存否が明らかにならなかったとします。

「金銭の授受」は、原告の貸金返還請求権が発生するのに必要な事実（主要事実）なので、裁判所が判決をする際には、その存否を明らかにする必要があります。そのため、裁判所は「金銭の授受」の存否を真偽不明のままにしておくことができず、何らかの判定をしなければなりません。

そこで、真偽不明の状態に対しては、次のような考え方に基づいて解決を図ります。つまり、「金銭の授受」を立証しなければならない原告が、その立証に失敗したのだから、結果責任は原告が負うべきです。立証できないということは、そもそも

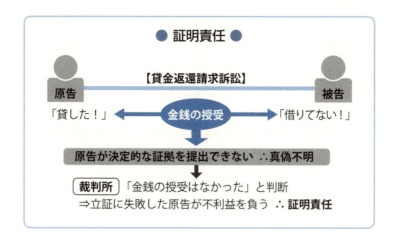

「金銭の授受」はなかったとみなされても仕方ありません。

以上から、真偽不明の事実については、その事実が存在しないと擬制します。これが証明責任です。上記の例では「金銭の授受」が存在しないと擬制することで、原告の貸金返還請求権が認められず、原告が敗訴することになるでしょう。

証明責任の分配とは

証明責任の分配とは、具体的な事実について、当事者のうちどちらが証明責任を負うかという問題のことです。ただ、その分配の方法については一般的な基準がなく、どのような基準を用いて分配すべきかが問題となります。

裁判実務では、「その事実が認められることで、有利な法律効果が発生することになる者が、その事実の証明責任を負う」という見解を採用しています。これは、証明責任の分配は、民法などの実体法が定めている法律要件（権利の発生・変更・消滅という法律効果を判断するのに必要な要件のこと）を基準と

して、自己に有利な法律効果が発生する者に証明責任を負わせるものですから、実体法の理解が必要となる見解です。

証明責任の分配基準

証明責任の分配は、上記の裁判実務の見解に従うと、次のような基準によることになります。つまり、①権利の発生を主張する者が証明責任を負う、②いったん発生した権利を否定する者が証明責任を負う、③法律効果の発生を争う者が証明責任を負う、④権利の行使を阻止しようとする者が証明責任を負うとするものです。以下、具体的に考えてみましょう。

① 権利の発生を主張する者（権利根拠規定）

たとえば、売買契約に基づき、売主が買主に対して代金の支払いを求める場合があてはまります。売主が代金債権という権利の発生を主張するので、売主は「売買契約が成立した」という事実の証明責任を負います。

② 発生した権利を否定する者（権利消滅規定）

①の売主が主張する代金債権について、買主が「代金は弁済したので、代金債権は消滅した」と主張した場合、発生した売主の権利を否定する買主が、その事実の証明責任を負います。

③ 権利の発生を争う者（権利障害規定）

たとえば、売買代金を支払えと主張する売主に対して、買主が公序良俗違反を理由に契約の無効を主張した場合には、売買契約に基づく法律効果の発生を公序良俗違反を理由に争う買主が、公序良俗違反にあたる事実を証明する必要があります。

④ 権利の行使を阻止しようとする者（権利阻止規定）

たとえば、売買契約に基づく商品の引渡しを求める訴訟において、売主（被告）が「代金を受け取っていないので、商品は

引き渡せない」と同時履行の抗弁権を主張した場合、同時履行の抗弁権を用いて買主（原告）による権利行使を阻止したい売主が、買主の代金未払いの事実を証明しなければなりません。

法律要件分類説の問題点

以上が、証明責任の分配に関して、裁判実務で採用されている考え方で、法律要件分類説と呼ばれています。この考え方は、民法などの実体法に規定されている内容だけで証明責任を分配するものですが、当事者の証明責任の負担という点で、不均衡や不公平をもたらすおそれがあるとの批判があります。

たとえば、不法行為に基づく損害賠償請求権に関する民法709条を、条文の内容に基づいて証明責任を分配すると、①加害者の故意・過失、②加害者による違法な権利侵害、③被害者に対する損害の発生、④加害行為と損害発生との間の因果関係（加害行為により損害が発生したという原因・結果の関係）、という4点について「被害者」が証明責任を負います。

しかし、このように証明責任の分配が形式的に決まると、被害者にとって証明が困難な場合があり、当事者間の公平性にも疑問が残ります。そこで、法律要件分類説の考え方を基礎としつつ、条文の趣旨や当事者間の公平にも考慮した実質的な考え方を取り入れて、証明責任の分配が行われています。

たとえば、不法行為に基づく損害賠償請求に関して、自動車損害賠償保障法は、自動車による人身事故を原因とする損害賠償請求について、運転に際して注意を怠らなかった（過失がない）ことの証明責任を運転者（加害者）に負担させることを規定しています。これは、交通事故の被害者救済のため、上記①の証明責任を被害者から加害者に転換するものです。

6 証拠申出・証拠決定

証拠申出から証拠決定まで

　弁論主義の下では、証拠調べは当事者が申し出た証拠について行われます。つまり、裁判所が勝手に「これを証拠として調べます」とはいえません（職権証拠調べの禁止）。当事者が裁判所に対して、特定の証拠についての証拠調べを求める手続を証拠申出といいます。そして、証拠申出に対して裁判所は、証明を要する事実と証拠との間に関連性があるか、証拠に基づき事実を証明する必要性があるか、証拠申出が適法であるかなどを審査して、証拠調べをするか否かについて証拠決定という形で応答します。

証拠申出の撤回は認められるのか

　証拠共通の原則によって、当事者が、自己にとって有利に働くことを期待して提出した証拠であっても、反対に自己にとって不利な事実認定を受ける場合もあることから、いったん提出された証拠について、提出した当事者自身が、後から任意に証拠を撤回することができるかどうかが問題となります。

　この点は、証拠の撤回がいつ行われるかによって、結論が変わります。まず、証拠調べが開始されるまでの間は自由に撤回できます。次に、証拠調べが開始された後は、裁判官がその証拠から心証を形成していない段階であれば、相手方の同意を条件として撤回できます。相手方が証拠によって自己に有利な認定を受ける可能性があるため、その同意を要求しています。

　そして、証拠調べが完了した後は、相手方の同意の有無を問

第4章 ■ 証拠調べ

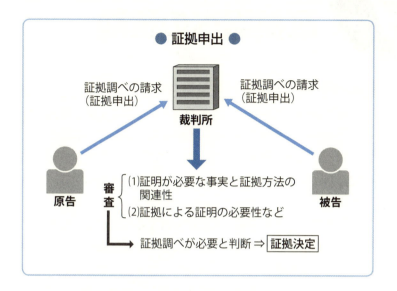

わず、撤回する余地はありません。証拠調べが完了すると、裁判官は証拠から何らかの心証を形成しているわけで、裁判官の心の中に形成されたものを消し去ることは不可能だからです。

証拠申出が不適法である場合

証拠調べをするか否かは、裁判所が決定します。これを証拠決定といいます。裁判所が不必要と認めた証拠は取り調べる必要がなく、不適法な証拠申出については却下することができます。不適法な証拠申出としては、証拠調べに必要な費用を予納しない場合や、時機に後れた証拠申出などがあてはまります。

このように、証拠調べをするか否かは裁判所の裁量に任されますが、ある争点に関して申出のあった証拠が1つだけである場合は、特段の事情がない限り、これを却下できないとするのが判例の立場です。これを唯一の証拠方法の理論といいます。

7 証拠調べの種類

証拠調べはどのように行われるのか

　民事訴訟の主な手続には、①当事者が事実の主張と証拠申出を行う期日（口頭弁論期日）、②証拠調べに備えて争点や証拠の整理をする手続の期日（争点整理手続）、③証拠方法（証拠決定をした証拠）の証拠調べを行う期日（証拠調べ期日）があります。

　もっとも、①③の手続を明確に分離する規定がないため、裁判所は、訴訟手続の進行中、必要に応じて証拠調べを行います。もっとも、裁判所は①の早い段階で、当事者に対して攻撃防御方法（当事者による陳述や証拠申出など）を提出させ（適時提出主義）、事件の争点を確定し、その争点に的を絞った証拠調べを行うのが一般的です。特に証拠調べの中心となる証人尋問や当事者尋問は、争点や証拠の整理が終了した後、集中して行うことが要求されているからです（集中証拠調べといいます）。

　証拠調べをする場合、裁判所は、当事者が自らの利益を守る機会を保障するため、証拠調べ期日の日時や場所を指定して、当事者を呼び出します。つまり、当事者には証拠調べに立ち会う権利が与えられています。しかし、その呼び出しに応じず、当事者が裁判所へ出頭しない場合であっても、証拠調べをすることができます。当事者が欠席した際に証拠調べが行われない場合の不都合、たとえば、証人尋問に呼び出される証人が当事者が欠席するたびに何度も呼び出されることになる不都合や、訴訟手続が遅延する不都合を避ける必要性から、当事者不在であっても証拠調べができるとしています。

第4章 ■ 証拠調べ

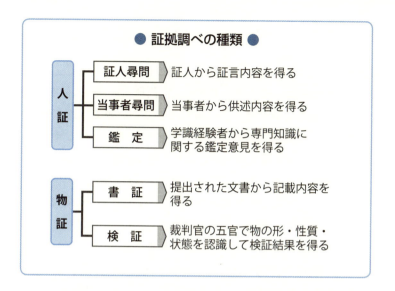

　また、公開主義や直接主義の原則から、証拠調べは裁判所の公開法廷の下で行うのが原則です。ただし、裁判所が相当と認める場合には、裁判所外において証拠調べをすることができます。たとえば、証人が入院中で裁判所に出頭できない場合などがその例です。なお、裁判所外で行われた証拠調べの結果は、口頭弁論期日に提出する必要があり、提出しないと証拠資料（裁判官が心証形成のために用いるもの）とすることができません。

5種類の証拠調べ

　証拠調べは、その対象に応じて、証人尋問、当事者尋問、鑑定、書証、検証の5種類の手続があります。これらのうち、証人尋問、当事者尋問、鑑定は、人から証拠を得るもので、人的証拠（人証）といいます。一方、書証と検証は、物（物体）か

129

ら証拠を得るもので、物的証拠（物証）といいます。

人証

証人尋問では、証人（当事者や法定代理人以外の人）を法廷に呼び、証人自身が過去に経験したことを口頭で陳述させて、その証言内容を証拠資料とします。証人に求められる陳述は、証明しようとする事実に対する意見などではなく、証人自身が過去に知ることができた事実や状態である点が重要です。また、証人には法廷に出頭する義務や、法廷で宣誓する義務が課せられます。これらの義務に正当な理由なく従わない場合は、罰金などの刑事罰に処せられることがあります。

一方、当事者尋問では、文字通り、訴訟の当事者に対して、自己の経験した事実について尋問を行い、その供述内容から争いのある事実についての証拠資料とします。なお、証人尋問が当事者の申出がある場合に限るのに対し、当事者尋問は裁判所が職権で行うこともできます。

物証

鑑定とは、特に専門性の高い内容について、学識経験を有する第三者を鑑定人として選定して、その鑑定意見を証拠資料とする証拠調べ手続のことです。たとえば、医療関係訴訟では、医学という専門性の高い内容を扱うことから、専門家である医師が行う鑑定が利用されます。鑑定は当事者の申出によって行いますが、鑑定人は裁判所が選定します。

次に、書証とは、証拠方法として提出された文書を裁判所が取り調べて、その記載された意味内容（記載内容）を証拠資料とする証拠調べ手続です。文書とは、作成者の思想、認識、報

告などが文字や記号で表現されたものをいうため、図面、写真、録音テープなどは文書にあたりませんが、情報を表すために作成された物件なので、文書に準じて書証の対象となります。

文書は、その記載内容が事実認定に役立つこと（証拠力）の前提として、文書の成立が真正であること、つまり文書が真に作成名義人によって作成されたこと（偽造ではないこと）が必要です。これを特に形式的証拠力といいます。

また、公務員が職務上作成する文書を公文書、それ以外の文書を私文書といいます。公文書は、その成立が真正であることが推定されます。一方、私文書は、本人や代理人の署名・押印がある場合に、その成立が真正であることが推定されます。

事実を文書によって証明しようとする当事者は、裁判所に書証の申出をしなければなりません。書証の申出は、証明しようとする当事者が文書を所持している場合は、それを裁判所に提出します。しかし、文書を相手方や第三者が所持している場合は、裁判所に文書提出命令や文書の送付嘱託を申し立てます。

最後に、検証とは、裁判官が、対象となる物の形状、性質、状態などを直接観察して、その五官の作用によって得られた結果を証拠資料とする証拠調べ手続のことです。五官の作用とは、視覚による認識の他、聴覚、味覚、臭覚、触覚による認識のことをいいます。また、検証の対象となるものを検証物といいますが、人を対象とした証拠調べの場合において、その人の身体や容貌を検査することは検証にあたり、その対象となる人は検証物ということになります。文書を対象とした証拠調べの場合においても、その文書の紙質や記載された文字の色合いなどを証拠とする場合は、その文書は検証の対象になります。

8 文書提出命令

文書提出命令とは

　ある事実を証明するため、証拠として必要となる文書が自分の手元にあればそれを提出すればよいのですが、それが相手方や第三者が持っている場合は、どうすればよいのでしょうか。

　たとえば、医療過誤による損害賠償請求の事例では、病院側の医療過誤を証明するため、カルテなどの文書が必要です。しかし、こうした文書は病院が所持しているため、被害者（あるいはその遺族）である原告が、被告である病院に対して、「医療過誤を証明するためにカルテが必要なので、裁判所に提出してください」とお願いしても、提出すれば敗訴が濃厚になる文書を、自ら進んで提出することは期待できないでしょう。

　このようなときに活用できるのが文書提出命令です。具体的には、当事者の申立てに基づき、裁判所が、文書提出義務を負う者に対して、文書提出命令を発します。上記の事例では、原告が裁判所に対して、病院が所持するカルテなどについて、文書提出命令を発するよう申し立てます。この申立てが認められると、裁判所が病院に対して文書提出命令を発します。

　民事訴訟においては、私的自治の原則の下で、裁判所の役割は後見的なもの（当事者の訴訟活動の不足を補うもの）となっています。そのため、当事者に争いのない事実はそのまま判決の基礎としなければならないなど、裁判の内容と実体的真実との合致は必ずしも要求されていません。

　しかし、あまりにも実体的真実と合致しない判決を言い渡してしまっては、国民から紛争解決機関としての信頼を得ること

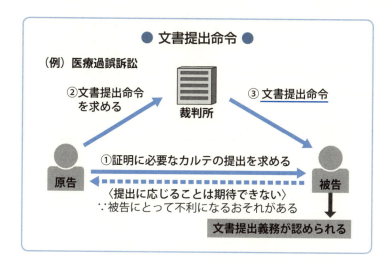

ができず、当事者も裁判の内容に納得できなくなります。文書提出命令には、当事者の立証活動を助けるという後見的な役割とともに、実体的真実の発見を実現する役割もあるといえます。

どんな場合に発せられるのか

　文書提出命令を発するには、文書の所持者にその文書の提出義務が認められなければなりません。文書提出義務はどのような場合に認められるのでしょうか。

　たとえば、X文書の提出を求める側をA、X文書の所持者をBとすると、①Bが訴訟でX文書を引用したとき、②AがBに対しX文書の引渡しや閲覧を求める権利を持っているとき、③X文書がAの利益のために作成されたか、AB間の法律関係について作成されたとき、のどれかにあてはまる場合、BはX文書につき文書提出義務を負うと規定されています（X文書の提出を拒否できません）。

ただし、X文書を提出することで、B自身やBの近親者などが刑事上の責任を問われるおそれがある場合や、X文書に公務員の職務上の秘密が記されている場合などは、後述するようにX文書が文書提出命令の対象から除外されます。

文書提出命令の手続

文書提出命令を発するためには、まず、当事者による申立てが必要です。当事者による申立ては、文書の表示や文書の趣旨によって文書を特定しなければなりません。しかし、文書を所持していない申立人が文書を特定することは困難な場合も多いでしょう。この場合は、文書の表示や文書の趣旨に代えて、文書の所持者が申立てに関わる文書を識別できる事項を明らかにすることで足ります。この際、申立人は同時に、裁判所に対し、文書の所持者が文書の表示や趣旨を明らかにするように求める申立てを書面によってしなければなりません。

文書提出命令の申立てがあった場合、裁判所は、文書提出命令を発するべきか審理した上で、申立てに理由があると認めるときは、決定で、文書提出命令を発します。「理由があると認めるとき」とは、その文書を証拠として取り調べる必要があることと、文書提出義務が認められることをいいます。

民事訴訟法は、文書全般が文書提出義務の対象となるのを原則としています。ただし、①文書の所持者やその親族が刑事上の責任を問われるおそれがある事項、②公務員の職務上の秘密、③技術や職業の秘密、などの除外事由が記載されている文書は、例外的に文書提出義務を負わないと規定しています。文書提出命令の申立てを受けた裁判所は、対象文書が除外事由に該当するか否かを判断することが必要です。

インカメラ手続とは

　文書が手元にない状態で、その文書に除外事由があるかを判断することは容易ではありません。そこで、裁判所は、文書の所持者に文書を提出させ、裁判所のみがこの文書を閲読し、文書提出義務の有無を判断することができます。これを インカメラ手続 といいます。インカメラとは「裁判官の私室」を指す言葉で、文書の内容について証明責任を負い、文書提出命令を求める当事者であっても、インカメラ手続に参加することはできません。インカメラ手続により、文書の記載内容が漏えいすることを防止するとともに、裁判所の文書提出義務の判断の的確性を保障することができます。

　インカメラ手続は、あくまでも文書提出義務の除外事由の有無を判断するための手続です。そのため、裁判所は、インカメラ手続によって文書を閲読したとしても、その閲読の結果を事実認定に必要な資料として用いてはなりません。つまり、インカメラ手続の結果、その文書について文書提出義務の除外事由が認められれば、閲読結果をなかったものとして、訴訟を進めなければなりません。

　文書提出命令に従わなかった場合の対処方法は、文書の所持者が申立人の相手方（他方当事者）であるか第三者であるかによって異なります。

　文書の所持者が相手方である場合、その文書に記載されている内容について、申立人の主張が真実であると認めることができます。文書提出義務のある文書を、相手方が証拠して使用されないように破棄したり、毀損した場合も、同様の効果となります。一方、文書の所持者が第三者の場合、裁判所はその第三者を過料に処することができます。

9 当事者の意思による訴訟の終了

当事者対立構造の消滅

　紛争は通常、当事者の利害が対立することから発生し、その紛争解決を目的とするのが民事訴訟です。したがって、民事訴訟は、対立する当事者の存在を前提として、当事者双方を主体的に訴訟に関与させ、当事者双方が自らの主張をするといった構成になっています。つまり、民事訴訟には、対立する当事者の存在が不可欠です。これを二当事者対立の原則といいますが、このような二当事者の対立構造が消滅した場合は、訴訟要件が充たされないため、訴訟は終了します。

　たとえば、親子間の紛争で、親が原告、その一人息子が被告であるとします。この場合、訴訟の途中で原告である親が死亡したとすると、原告の承継人（死亡の場合は相続人が承継します）がその訴訟を受け継ぐわけですが、承継人は被告である一人息子しかいません。しかし、被告が原告の立場を受け継ぐことはあり得ません。つまり、原告を承継する者がいないわけです。したがって、原告が死亡することで二当事者の対立構造が消滅し、訴訟は終了します。

　一方、二当事者の対立構造が消滅しても、例外的に訴訟が終了しないことがあります。たとえば、婚姻の無効や取消しを求めた訴訟において、訴訟中に被告が死亡したとすると、婚姻関係という性質上、被告の地位を承継する者は存在しません。つまり、被告が死亡することによって二当事者の対立構造が消滅するわけです。しかし、婚姻が重婚である場合など、法律に反するものである場合は、公益上の理由から訴訟手続を継続する

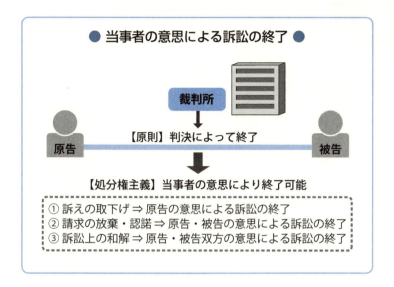

必要があります。このときは、職務上の当事者として検察官を被告とすることによって、訴訟手続を継続することになります。

当事者の意思による訴訟の終了にはどんなものがあるのか

　当事者は、その意思によって、判決によらずに訴訟手続を終了させることができます。民事訴訟では処分権主義を採用しているため、訴訟を終わらせるかどうかについても、当事者の意思に委ねているわけです。

　具体例としては、①訴えの取下げ、②請求の放棄・請求の認諾、③訴訟上の和解が挙げられます。原告の意思による終了は、訴えの取下げと請求の放棄です。被告の意思による終了は、請求の認諾です。そして、原告と被告双方の意思による終了は、訴訟上の和解です。

10 訴えの取下げ

訴えの取下げとは

　訴えの取下げとは、原告が自ら提起した訴えの全部や一部を撤回することをいいます。訴えの取下げは、訴えの提起後から判決が確定するまでの間に、その全部や一部についてすることができます。訴えの全部を取り下げると、その訴訟は終了して、はじめから係属していなかったことになります。一方、訴えの一部を取り下げると、取下げのあった部分について、はじめから係属していなかったことになります。

　訴えの取下げをするのは、多くの場合、訴えの提起後に、当事者が裁判外で和解をしたときです。

　訴えの取下げが成立するためには、①取り下げようとする時期が、訴えの提起後から判決が確定するまでの間であること、②被告が本案に関する準備書面の提出、弁論準備手続における申述、口頭弁論などの訴訟行為を行った後は、被告の同意を得ること、という2つの要件を充たすことが求められます。

　訴えられている立場の被告にとっては、原告が訴えを取り下げてくれるのは歓迎すべきことであるのに、なぜ被告の同意を必要としているのでしょうか。それは、被告には「原告の請求を棄却する」という判決を受ける利益があるからです。請求棄却の判決が確定すると、原告が確定判決と矛盾する主張立証を行えなくなるため（既判力）、その点において、被告には訴訟をそのまま続ける利益があるわけです。

　また、訴えの取下げは、原告が裁判所に対して書面で行うのが原則です。ただし、口頭弁論、弁論準備手続、和解の各期日

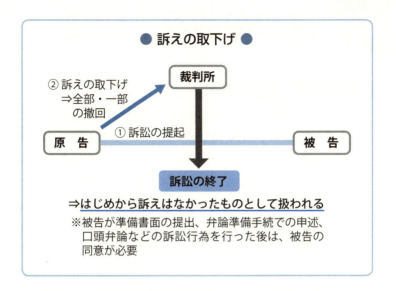

においては、口頭による訴えの取下げもできます。

再訴禁止効について

　判決が言い渡された後であっても、それが確定するまでは訴えを取り下げることができます。ただし、終局判決（その審級での訴訟を完結させる判決のこと）が言い渡された後に訴えを取り下げた場合は、再び「同一の訴え」を提起することが許されなくなります。これを再訴禁止効といいます。

　仮に再訴禁止効がないとすると、判決に不服のある原告は、訴えの取下げによって訴訟係属をはじめからなかったことにして、新たに同一の訴えを提起できるようになります。これでは、納得できる判決が言い渡されるまで、訴えの取下げと新たな訴えの提起の繰返しが起こりかねないので、この事態を防ぐために再訴禁止効が認められています。

11 請求の放棄・認諾

請求の放棄・認諾とは

　請求の放棄とは、原告が自らの請求に理由がないと認める陳述を行うことです。一方、請求の認諾とは、被告が原告の請求に理由があると認める陳述を行うことです。どちらも当事者が裁判所に対して意思表示をすることによって、訴訟を終わらせる行為です。請求の放棄や認諾の意思表示を、裁判所が調書に記載することで、訴訟終了の効果が発生します。

　請求の放棄や認諾は、口頭弁論、弁論準備手続、和解の各期日において口頭で行うことが原則ですが、それらの期日に出席せずに、放棄や認諾を行う旨の書面を提出すれば、その陳述があったものと認められます。

どんな場合に認められるのか

　請求の放棄も請求の認諾も、当事者の意思によって訴訟を終了させることなので、これは処分権主義の現れということができます。したがって、当事者が任意に処分できる権利や法律関係については、請求の放棄や認諾ができます。

　しかし、当事者が任意に処分することが許されない権利や法律関係については、請求の放棄や認諾は認められません。たとえば、賭博による借金の取立てについて争いが生じた場合、被告となった賭博に負けた者が「賭博による借金を認めます」と請求を認諾する内容を述べたとしても、賭博という公序良俗に反することを実質的に認めるようなことはできないので、この場合は請求の認諾が認められません。

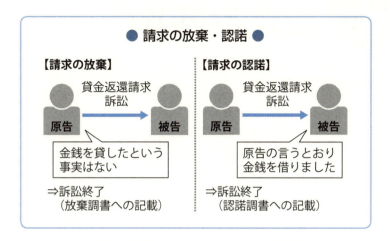

請求の放棄や認諾がなされるとどうなるのか

請求の放棄や認諾が行われると、裁判所書記官が調書（放棄調書・認諾調書）に記載します。この調書への記載をもって、請求の放棄は実質的には原告の敗訴、請求の認諾は実質的には原告の勝訴という形で、訴訟が終了します。

どんな効果があるのか

民事訴訟法は、上記の調書への記載は、確定判決と同一の効力があると規定しています。ここで、「確定判決と同一の効力」とは、具体的にどのような効力なのかが問題となります。

確定判決には、①確定判決と矛盾する主張ができない（既判力）、②確定判決をもとに強制執行ができる（執行力）、③確定判決により既存の法律関係に変動が生じる（形成力）という効力があります。②と③の効力は、問題なく請求の放棄や認諾にも認められます。①の効力は、請求の放棄や認諾の意思表示に瑕疵がないときに認めるのが多数説です。

12 訴訟上の和解

訴訟上の和解とは

　紛争の当事者が、裁判官の面前において、互いに譲り合う旨の意思表示をして訴訟を終了させることを、訴訟上の和解といいます。請求の放棄・認諾は、原告・被告いずれかの当事者の一方的な意思表示ですが、裁判上の和解は、双方の合意によりはじめて成立します。当事者双方が納得できる内容で和解条項がまとめられることから、判決で終結するよりも、両者の感情的なしこりが残りにくいといえます。また、原告にとっては、勝訴判決をとっても強制執行の手続を取らざるを得ない状況を回避できるだけでなく、被告にとっても、和解のほうが、全面敗訴よりは幾分負担が軽く済みます。そのため、和解が成立しやすいという事情があります。

民法上の和解との違い

　民法上の和解（裁判外の和解）とは、紛争の当事者が、裁判外において、互いに譲歩して当事者間の争いを収めることを約束する契約です。民法上の和解は、裁判所の関与がないので、民事訴訟法が定める効力は発生しません。そのため、民法上の和解が成立したとして訴えを取り下げた場合、その後、和解の内容を巡って争いが生じても、その争いを解決するには再び訴えを提起しなければなりません。

　一方、訴訟上の和解（裁判上の和解）は、裁判所を通じて成立した和解なので、民事訴訟法が定める効力が発生します。

第4章 ■ 証拠調べ

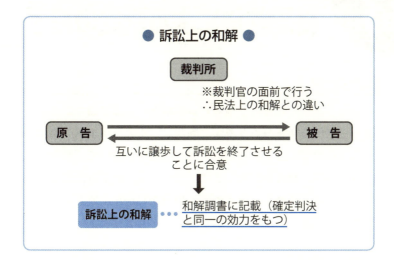

どんな場合に認められるのか

訴訟上の和解が成立するための要件は、請求の放棄や認諾と同様に、和解の対象となる権利や法律関係について、当事者の任意の処分に委ねてもよいかどうかという点から定められます。たとえば、和解が公序良俗に反する結果となる場合、その和解は認められません。

どんな効果があるのか

訴訟上の和解が成立すると、裁判所書記官が和解調書に記載します。請求の放棄や認諾と同様に、和解調書への記載によって、確定判決と同一の効力が生じます。具体的にどのような効力が生じるのかについても、請求の放棄や認諾と同様に考えます。そのため、訴訟上の和解が成立した事件について既判力が生じるかどうかは、和解の意思表示に瑕疵がないかどうかによって決まると考えることができます。

143

13 終局判決による訴訟の終了

判決とは

判決とは、訴訟を取り扱った裁判所が、口頭弁論を経て言い渡す最終的な判断のことです。判決は、重要な事項についてなされる裁判であって、一般的に訴訟の判断について「裁判」というときは、判決を意味します。もっとも、民事訴訟において判決が言い渡されるというのは、紛争が判決を必要とするほどこじれた状態といえ、それほど多くはありません。

決定・命令とは

判決に対して、決定や命令は、当事者が訴えの対象とする内容についての判断ではなく、訴訟の進め方・訴訟手続上の付随的事項の処理などの比較的重要度が低い事項や、特に迅速な判断が要求される事項についてなされる裁判のことです。

判決と決定・命令はどう違うのか

判決をする場合は、当事者にとって重要な権利や法律関係についての判断なので、必ず口頭弁論を経る必要があり（必要的口頭弁論）、判決の結果に不服がある場合は、上訴（控訴・上告）によって不服申立てをすることができます。

これに対して、決定や命令をする場合は、口頭弁論を経る必要がありません。また、決定や命令に対する不服申立ては、必ずしも認められるわけではなく、不服申立てが認められる場合は、抗告や再抗告という簡易方法によることになります。

さらに、告知方法にも違いがあり、判決は判決書の原本に基

第4章 証拠調べ

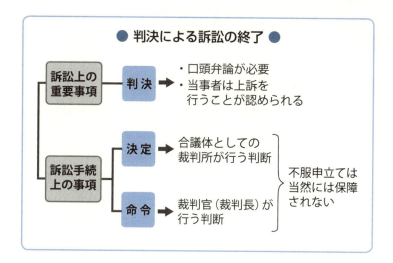

づいて言い渡すことが必要であるのに対して、決定・命令は、相当と認める方法で告げればよく、判決のように一定の形式に従って告知されるものではありません。

決定と命令はどう違うのか

　決定と命令は、それを行う主体に違いがあります。決定は裁判所によって行われ、命令は裁判官によって行われます。

　たとえば、数人の裁判官で構成される合議制では、合議制としての裁判所が行う判断が決定で、合議制を構成する裁判長が行うのが命令となります。

　一方、1人の裁判官のみで構成される一人制では、一人制としての裁判所が行う判断が決定で、一人制を構成する裁判官が行うのが命令となります。一人制の場合、実質的には同じ裁判官が判断することになりますが、法律上は区別されています。

14 判決の種類

終局判決と中間判決

　終局判決とは、係属している審級の訴訟を完結させる判決のことをいいます。たとえば、第一審として地方裁判所で争われた訴訟の場合、その審級（第一審）での訴訟を完結させる判決が終局判決です。もし、第一審の終局判決に不服があれば、第二審（控訴審）の裁判所に控訴して争うことができます。そして、その審級（第二審）でも同様に、終局判決が言い渡され、さらに不服があれば、第三審（上告審）の裁判所に上告することができ、ここでも終局判決が言い渡されます。つまり、日本の裁判は三審制を採用するので、最大3回の終局判決が言い渡されることがあります。

　これに対して、中間判決とは、たとえば、AがBの運転する自動車に接触してケガをした場合の不法行為に基づく損害賠償請求訴訟において、B（被告）に過失があるか否かという争点について中間判決を言い渡すことがあります。まずは過失の争点について結論を示し、後は損害額についての審理を集中的にするといった場合になされる判決です。

　ただし、中間判決を行えるのは、①本案に関する主張や抗弁のうち、他の主張や抗弁と切り離して裁判所が判断の対象にできる場合（独立した攻撃防御方法）、②訴訟要件の存否に関する争いなど、訴訟手続の進行に関して当事者間に争いのある事項で、口頭弁論に基づいて判断できる場合、③請求の原因と数額（数量と金額のこと）について争いがある場合の請求の原因、の3点に限られています。上記の中間判決は①にあたります。

● 主な判決の形式 ●

- **終局判決** …… 係属している訴訟を終了させる目的で行う判決（最大3回言い渡される）
- **中間判決** …… ①独立した攻撃防御方法、②訴訟手続の進行に関する事項、③請求の原因（請求の数額も争いがある場合）
  ⇒ 終局判決に先立って判断を受ける
- **全部判決** …… 審理されている事件すべてについての判決
- **一部判決** …… 複数の請求に対する一部の判決
  (例)賃料支払いと建物明渡しの訴訟で賃料のみについての判決

全部判決と一部判決

全部判決とは、終局判決のうち、同一の訴訟手続によって審理されている事件の全部を同時に完結させる判決のことです。一般的に判決のほとんどがこの全部判決です。

これに対して、一部判決とは、終局判決のうち、複数の請求が併合審理されている場合に、そのうちの一部について言い渡す判決のことです。たとえば、建物の貸主が借主に対して、賃料支払いと建物明渡しを請求する場合、この2つの請求を別々に提訴することもできますし、2つをまとめて（併合）提訴することもできます。まとめて提訴された場合、裁判所は、2つの請求を分けて1つの請求だけに終局判決を言い渡すことができます。

また、一部判決には、次のような場合もあります。たとえば、原告による500万円の貸金返還請求に対して、被告がその一部

である300万円については借りたことを認めた場合、裁判所は原告の請求のうち300万円の部分について認容判決を言い渡すことができます。残り200万円の部分は、引き続き審理を行い、別の判決を言い渡します。

一部判決も終局判決なので、その一部については独立して控訴の対象になります。たとえば、上記の建物明渡しの例では、中間判決があった家賃支払いについては控訴審で争うのに対し、建物明渡しについては第一審で継続して争うこともあります。

本案判決と訴訟判決

本案判決とは、請求の当否について判断する判決のことで、一般に判決といえば本案判決を指します。本案判決は、原告の請求を認めるとする認容判決（原告勝訴）と、原告の請求を認めないとする棄却判決（原告敗訴）があります。

一方、訴訟判決とは、訴訟要件を充たしていないことから、訴えを退ける却下判決のことです。つまり、訴訟判決においては、原告が審理を求めて提起した訴えの内容については、一切判断が示されていないことになります。

ここで、棄却と却下の違いを区別すると、棄却は、訴訟要件を充たして原告の請求が適法であるとして、請求の当否が審理され、審理の結果として請求が退けられる判決であるのに対して、却下は、訴訟要件を充たしていないので、訴訟を開始する以前の問題として「門前払い」をする判決です。

給付判決、確認判決、形成判決

給付判決とは、被告に特定の給付を求める訴えに対して、原告の給付請求権を認めて、被告に給付を命じる判決のことをい

います。この「給付」とは、被告が自らの義務の履行として行う作為や不作為を指すので、金銭や物を差し出すことだけではなく、ある行為をすることや、反対に、ある行為をしないことも含まれます。たとえば、「土地を明け渡せ」「騒音を出すな」といった判決も給付判決になります。

なお、引換給付判決というものもあります。たとえば、原告の給付の訴えに対して、被告から同時履行の抗弁権や留置権の主張が出された場合に、原告の債務の履行と引き換えに、被告に対して給付を命じることがあります。これが引換給付判決です。この場合は、原告にも一定の義務が課されることになるため、原告の一部敗訴の判決ということができます。

次に、確認判決とは、請求の対象となっている権利や法律関係の存在や不存在を確認する判決のことをいいます。「原告には売買代金の支払請求権がある」といった権利の存在を確認する判決や、「両者には親子関係はない」といった法律関係の不存在を確認する判決がその例です。確認判決は、給付判決とは異なり、相手方の給付を実現させるものではなく、その前提となる権利の有無を確定させる点にとどまるので、原告の権利が完全に実現するものではありません。もっとも、確定判決によって、将来の紛争を未然に防ぐという効果は期待できます。

最後に、形成判決とは、権利義務や法律関係を変動させる判決のことをいいます。たとえば、被告と婚姻関係にある原告が、離婚を求めて訴えを提起した場合、原告の請求が認められると、「原告と被告は離婚する」といった判決が言い渡されます。この判決によって、これまでの原告と被告の婚姻関係は解消するという形で、原告と被告との法律関係に変動が生じます。

15 判決の効力

判決の言渡し

　終局判決は、訴訟が裁判をするのに熟したときに、行うことができます。この「訴訟が裁判をするのに熟したとき」とは、裁判をするのに必要な証拠がそろったことを意味します。最後の口頭弁論が終わり、訴訟が裁判をするのに熟したところで、その口頭弁論に関わった裁判官が判決を言い渡します。複数の裁判官による合議制の場合は、裁判官の合議によって判決を言い渡します。このとき、主文、当事者の主張、判断の理由などを記載した判決書が作成されます。この判決書の原本に基づいて、公開法廷の下で判決を言い渡すことで、その判決は成立します。これを判決の言渡しといいます。もっとも、主文が朗読されれば判決の言渡しとして効力が認められ、一般に判決の理由などについては要旨を告げるだけで十分です。また、判決当日は当事者の出頭義務がありません。

判決にはどんな効力があるのか

　判決の効力については、その判決を2つに分類して捉える必要があります。つまり、確定した終局判決と、確定前の終局判決の2つです。確定した終局判決については、既判力や執行力などの効力が発生する（次の項目を参照）のに対して、確定前の終局判決については、そのような効力は発生しません。しかし、確定前の終局判決であっても、自己拘束力と呼ばれる効力が発生します。

第4章 ■ 証拠調べ

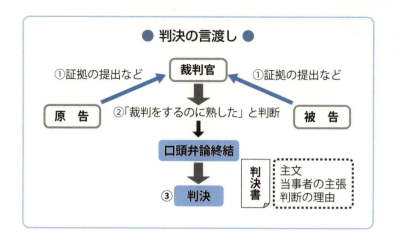

自己拘束力について

自己拘束力とは、判決を言い渡した裁判所が、自らその判決に変更を加えたり撤回することができない、という効力のことをいいます。一度言い渡した判決を裁判所が変更したり撤回できるとなると、その訴訟に関わった当事者にしてみれば、いったん結論の出た紛争が、また別の形で蒸し返されるようなものであり、当事者はもとより、一般の国民にとっても裁判制度が信頼に値するものではなくなるからです。

判決を更正・変更する場合

判決の内容そのものを変更したり撤回することは許されませんが、たとえば、判決文の中に誤字脱字があった場合などは、その部分を訂正することが可能です。これを判決の更正といいます。また、判決が法令に反している場合には、判決の言渡しの後1週間以内であれば、その判決を撤回して判決内容を改めることができます。これを判決の変更といいます。

151

16 確定判決の効力

確定判決とは

終局判決は、通常の不服申立ての方法（上訴など）によっては取り消すことができなくなると確定します。このように確定した終局判決のことを確定判決といいます。確定判決には、①既判力、②執行力、③形成力という効力が発生します。

既判力

確定判決で示された訴訟物に関する判断は、それ以後、当事者と裁判所を拘束します。つまり、当事者は確定判決の訴訟物に関する判断を争えず、裁判所は確定判決の訴訟物に関する判断と矛盾する判決の言渡しができなくなります。このような確定判決のもつ拘束力のことを既判力といいます。確定判決に既判力が生じるというのは、後訴裁判所が、前訴裁判所の訴訟物に関する判断が正当でないと考えても、その判断に拘束されることを意味します。つまり、既判力には、確定判決の訴訟物に関する判断について紛争の蒸し返しを封じる機能があります。

なぜ、確定判決の訴訟物に関する判断に、既判力を生じさせる必要があるのでしょうか。それは、裁判所による紛争解決の実効性を確保するためです。もし既判力が生じないとすると、敗訴した当事者が同じ訴訟物について再び訴えを提起し、その訴訟では勝訴判決を取得するということが起こります。このような状態になると、同じ訴訟物について前訴裁判所と後訴裁判所との判断が矛盾する結果となり、紛争の蒸し返しが起こりかねません。そこで、確定判決の訴訟物に関する判断に既判力を

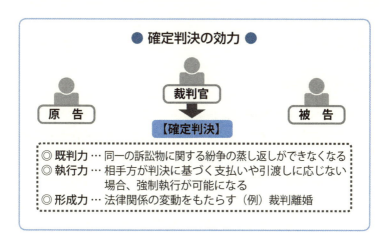

もたせることで、裁判所を紛争解決機関として機能させる必要があるのです。

しかし、特に敗訴した当事者からすれば、確定判決の判断を後から争えないというのは、裁判を受ける権利の制約ともいえます（憲法32条）。そこで、既判力を当事者に及ぼすことが、なぜ正当化されるのかが問題となります。

それは、当事者には手続保障がなされているからです。民事訴訟法は、裁判所が事実の認定や法律の解釈適用を正当に行えるよう規定し、裁判所は、この規定を実現できるよう手続を進めています。当事者は、この手続に参加して主張立証をすることが保障されています。こうして、十分な手続保障がなされた以上、既判力が当事者に及ぶことが正当化されます。

なお、既判力については、当事者の権利や法律関係の内容を判決の通りに変更する効力をもつのか否かが問題とされています。通説は、既判力はこのような実体法上の権利を変動させる効力をもつものではなく、「後訴裁判所に対して確定判決と矛

盾する判断を禁ずる」という訴訟法上の効力をもつにすぎないと考えています。

既判力の作用

既判力は、確定判決が存在する争いについて、後訴が提起されたときに作用します。既判力の作用には、積極的作用と消極的作用があります。積極的作用とは、後訴裁判所は、前訴判決の訴訟物に関する判断を前提に、訴訟物について判断すべきことをいいます。たとえば、ＡＢ間の訴訟で、Ａに甲土地所有権があることを確認する前訴判決が確定した後、ＡがＢに対して甲土地の所有権移転登記請求の後訴を提起した場合、後訴裁判所は、Ａに甲土地の所有権があるという前訴の訴訟物に関する判断を前提に判断します。

一方、消極的作用とは、前訴の訴訟物に関する判断と矛盾する当事者の主張立証が許されないことをいいます。たとえば、「ＢはＡに売買代金100万円を支払え」との前訴判決が確定した後、Ｂが執行力を争って請求異議の後訴を提起した場合、Ｂは前訴の口頭弁論終結前に弁済していた事実を主張できません。

また、既判力が作用する場面としては、①訴訟物が同一の場合、②訴訟物が先決関係にある場合、③訴訟物が矛盾関係にある場合を考えることができます。

①の例は、ＡがＢに対し、乙土地所有権確認訴訟を提起し、Ａが敗訴した後、再びＡがＢに対し、乙土地所有権確認訴訟を提起する場合です。

②の例は、ＡがＢに対し、丙土地所有権確認訴訟を提起し、Ａが敗訴した後、ＡがＢに対し、丙土地明渡請求訴訟を提起する場合です。

③の例は、AがBに対し、丁土地所有権確認訴訟を提起し、Aが勝訴した後、Bが丁土地所有権確認訴訟を提起する場合です。

このように既判力が作用する場面が3つに限定されるのは、既判力が権利義務や法律関係の存否の判断のみに生じるからです。訴訟物について旧訴訟物理論を採用し、前訴と異なる法律構成が可能であれば、実質的に紛争の蒸し返しができます。そのため、訴訟物だけではなく、前訴で主要な争点になった部分の判決理由中の判断についても、後訴に対する拘束力を認めるべきだとする考え方があります。これを争点効といいます。

判例は争点効を認めていませんが、信義則に反することを理由に、前訴の実質的な蒸し返しとなる後訴の主張立証を認めないと判断した事例があります。

執行力

確定した給付判決に基づいて、強制執行ができるとする効力のことを執行力といいます。強制執行とは、勝訴判決が確定したにもかかわらず、相手方が任意に金銭の支払いや物の引渡しに応じない場合に、債権者が、国の機関である執行機関に求める手続のことで、執行機関が相手方（債務者）の財産を差し押さえて、強制的に債務の履行をさせるものです。つまり、執行力は給付判決が確定したときに生じる効力となります。

形成力

確定した形成判決によって、既存の法律関係の変動を生じさせる効力を形成力といいます。たとえば、離婚を認める判決が確定した場合は、原告と被告との婚姻関係が解消することによって、両者を取り巻く法律関係の変動が生じます。

Column

判決を得るまでの時間がないときの手段

　近年は訴訟手続の迅速化が進められていますが、それでも民事訴訟が提起された後に、判決に至るまでは、それ相応の時間がかかることになります。訴え提起時から判決が確定するまでの期間のうちに、事情に変化が生じて、場合によっては、原告が訴訟においては勝訴判決を得たにもかかわらず、その時点ではすでに、原告が望む状態の実現が困難になっているということも考えられます。

　たとえば、貸金返還請求訴訟において、訴え提起時と判決がなされる時点で、被告の財産状態が著しく悪化するということが起こります。この場合、訴訟で原告が費用や時間を費やして、その結果として勝訴判決を得ても、被告から貸金を回収できなくなってしまいます。そこで、このような事態を防ぐことを目的として、訴え提起の時点で、暫定的に原告が勝訴判決を得たのと同様の効力を認めて、被告の財産処分などを禁止することができます。これを民事保全手続といい、仮差押えと仮処分を行うことができます。

　仮差押えとは、債務者の財産について暫定的に処分を禁止して、金銭債権について、勝訴判決を得た後に行う強制執行手続が空振りしないように備えることをいいます。これに対して、金銭債権以外の請求権を保全する目的で行われるのが仮処分です。たとえば、不動産の引渡しを求める訴訟において、判決が確定するまでの間に、被告がその不動産を第三者に売却などした場合、勝訴判決を得た後に、改めて第三者に対しても訴訟を提起しなければならなくなる事態を防ぐために、訴え提起の時点で不動産の処分を暫定的に禁止すること（処分禁止の仮処分）などが挙げられます。

第5章

複数請求訴訟

1 複数請求訴訟・多数当事者訴訟

複雑訴訟形態の全体像をおさえる

　民事訴訟は、利害の対立した当事者間の法的な紛争を解決するためのものですが、これまでは原告1人と被告1人との間で争う場面を想定して、訴訟の一連の流れを確認しました。

　一方、現実に起こる法的な紛争は、1対1という単純な対立構造の他、住民が一団となり企業との間で争う訴訟や、1人の原告が2人の被告を同時に相手取って争うような訴訟も多く存在します。また、1対1の争いにおいても、1つの訴訟手続で審理の対象となる請求が1つだけとは限らず、複数の請求を1つの訴訟手続の中でまとめて審理する場合もあります。

　このように、実際の訴訟は当事者の対立構造が複雑となる場合があり、これを複雑訴訟形態といいます。複雑訴訟形態は、客体の複雑（訴訟の客体としての請求が複数であること）の場合と、主体の複雑（訴訟の主体としての当事者が多数であること）の場合の2つに分類することができます。そして、前者の客体の複雑な訴訟を複数請求訴訟といい、後者の主体の複雑な訴訟を多数当事者訴訟といいます。

　民事訴訟法では、複雑訴訟形態を適切に処理するため、各形態固有の性質に応じた特別な規定を設けています。

複数請求訴訟とは

　複数請求訴訟とは、1つの訴訟手続において、複数個の請求が審理の対象となる訴訟のことをいいます。訴えの対象（客体）である請求に関する併合を指しますので、訴えの客観的併

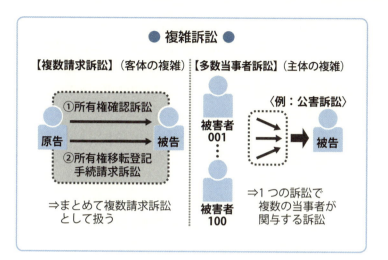

合とも呼ばれています。

　以下、事例を使って具体的に考えてみましょう。たとえば、買主Aが売主Bから建物を買い受けたところ、後になってBが売買契約の無効を主張したとします。Aは、建物の引渡しは受けましたが、所有権移転登記は取得していないので、Bを被告として訴訟を提起しようと考えています。原告となるAとしては、①建物の所有権確認請求と、②建物の所有権移転登記手続請求という2つの請求について、A勝訴の判決を求めると考えられます。

　このとき、①②の2つの請求について、別々の独立した訴訟で争うのか、2つの請求をまとめて複数請求訴訟として1つの訴訟で争うのか、Aはどちらかを選択することができます。

　ここで、仮に複数請求訴訟が認められないとすると、どうなるのでしょうか。その場合、関連性のある各請求を、請求ごとに別々の訴訟手続で処理せざるを得なくなる結果、請求ごとに

口頭弁論期日などが指定されるため、当事者の時間的・経済的な負担が増大するという不都合が生じます。また、各請求は相互に関連しているため、それぞれの審理について重複する部分が発生して、訴訟経済に反することになります。さらに、各請求について矛盾する判決が言い渡されるおそれもあります。

　上記の例においては、①②の各請求が、ともに1つの売買契約から生じたトラブルに端を発するものであることから、各請求を1つの訴訟手続で取り扱うとするほうが、当事者や裁判所にとって時間的・経済的な合理性があるといえます。

　以上のような理由から、複雑訴訟形態を類型化し、それに対応した複数請求訴訟の手続を用意しています。

最初から複数の場合と途中から複数になる場合がある

　訴えの提起の最初から複数の請求を審理する場合を請求の原始的併合といいます。単に「請求の併合」という場合は請求の原始的併合をさすのが一般的です。

　これに対して、訴えが提起された当初は1つの請求だったものが、訴訟の係属中に他の請求も審理される状態になることがあります。これを請求の後発的併合といいます。たとえば、訴訟の開始当初は土地の所有権確認請求のみだったものが、途中から土地の所有権移転登記手続請求を追加して（訴えの変更⇨ P.164）、複数の請求となる場合です。

　また、ある訴訟の係属中に、訴えられている立場の被告が、逆襲として原告を訴え返すこともあります（反訴⇨ P.166）。これによって、元々の原告をA、被告をBとした場合、AからBへの元々の請求と、BからAへの新たな請求というように、請求の向かう先が反対になりますが、複数の請求が1つの訴訟

の中で審理されます。これも後発的併合の例として挙げられます。

多数当事者訴訟とは

民事訴訟は、原告と被告の対立構造が1対1であることを基本形としていますが、複数の主体を巻き込んだ形の紛争がたびたび起こります。そこで、1つの訴訟手続に関与する者が1対1を超えるような訴訟形態を認め、複雑な紛争に対処できる訴訟が用意されています。これを多数当事者訴訟といいます。多数当事者訴訟の例としては、公害訴訟のように、被害者側が多数を構成して原告となり、ある企業を被告として訴えを起こす場合もありますし、被告となる企業が複数となる場合もあります。また、貸金返還請求訴訟において、債権者である金融機関が原告となり、債務者と連帯保証人を被告として訴えを提起する場合もあります。

仮に多数当事者訴訟の形態がなかったとすると、たとえば、ある地域の住民100人が公害による被害を受けたため、その公害を発生させた企業を被告として訴えを提起しようとした場合、住民100人が個別に訴えを提起するしか方法がなく、これでは著しく訴訟経済に反することになります。

訴訟参加とは

訴訟参加とは、多数当事者訴訟の一類型で、第三者が係属している訴訟に後から加わることをいいます。第三者の加わり方の態様によって分類すると、第三者が当事者という立場で加わる独立当事者参加と、第三者が当事者以外の立場で加わる補助参加があります。

2 単純併合・選択的併合・予備的併合

複数の請求を併合して訴えを提起する場合

　原告が複数の請求を併合して訴えを提起する、つまり請求の原始的併合をするには、次の要件を充たす必要があります。

　まず、①複数の請求が、同種の訴訟手続によって審理されるものであることです。たとえば、婚姻関係のトラブルについて、離婚請求と家財の引渡請求をしようとした場合、家財の引渡請求は通常の民事訴訟の手続で審理されるものですが、離婚請求は人事訴訟の手続で審理されるべきものです。このように、異なった手続によって審理される事件は、併合ができません。

　次に、②法律上併合が禁止されていないことです。人事訴訟法や行政事件訴訟法など、例としては少ないのですが、併合を制限する規定があります。

　そして、③各請求について訴えを提起しようとする受訴裁判所に管轄権があることです。1つの請求について受訴裁判所に管轄権があれば、原則として、他の請求についても管轄権が認められます。ただし、他の裁判所に「法定専属管轄権」がある請求については、その請求についての併合は認められません。

請求の原始的併合にはどんなものがあるのか

　請求の原始的併合は、複数ある請求それぞれの関係性という点から、①単純併合、②選択的併合、③予備的併合の3つに分類することができます。

　まず、単純併合とは、請求の原始的併合の基本形といえるもので、複数ある請求のすべてについて、特段の条件なしに判決

第5章 複数請求訴訟

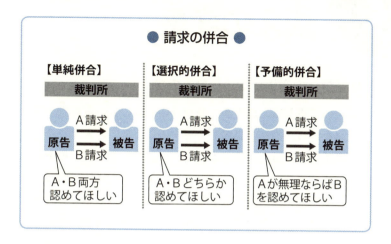

を求める場合の併合です。これは、「A請求もB請求も両方とも認めてほしい」というものです。

次に、選択的併合とは、一方の請求が認容されることを他方の請求の解除条件とする場合の併合です。つまり、「A請求かB請求のいずれか一方だけでも認めてほしい」というものです。たとえば、不法行為による損害賠償請求と債務不履行による損害賠償請求を併合する場合です。原告としては、損害賠償請求ができればそれでよいのです。

そして、予備的併合とは、両立しない複数の請求に順位をつけて、順位の高い請求（主位請求）が認容されることを解除条件として、次の順位の請求（副位請求）を審理する場合の併合です。つまり、「A請求がだめならB請求を認めてほしい」というものです。たとえば、売買契約に基づく代金支払請求を主位請求、引き渡した目的物の返還請求を副位請求として併合し、主位請求が認められずに売買契約が無効と判断されたら、副位請求を認めてもらいたいとする場合です。

163

3 訴えの変更

なぜ訴えの変更が認められるのか

　訴えの変更とは、原告が、裁判所に係属している訴訟手続を維持しながら、当初の請求を変更することをいいます。

　民事訴訟は、訴えの提起から判決の言渡しまで、1年を超える時間を要することが珍しくなく、一般に長期間に渡るので、訴訟の係属中に当事者を取り巻く事情が変わることもあります。

　たとえば、友人Bに貸した車が返却されないので、Aが、その車の引渡しを求めて提訴したとしましょう。その後、訴訟の係属中にBが起こした事故によって車が廃車になったとすると、Aとしては、その車の返還請求が認められても意味がありません。しかし、係属している訴訟において、すでに主張した事実や提出した証拠などをもとに、新たに損害賠償請求の審理を求めることが可能であれば、別の訴えを起こして損害賠償を求める手間を省くことができます。このような原告の便宜を図るために、訴えの変更という制度が置かれています。

訴えの変更が認められる要件とは

　訴えの変更が原告の自由に任せられるとすると、その変更によって、被告によるそれまでの防御が意味をなさなくなり、被告は新たな防御活動をせざるを得なくなるなど、被告に不利益が生じます。また、審理が長期化するといった弊害も生じるおそれがあります。そこで、訴えの変更をするには、①請求の基礎に同一性があること、②著しい訴訟の遅滞をもたらさないこと、という要件を充たすことが求められます。

第5章 ■ 複数請求訴訟

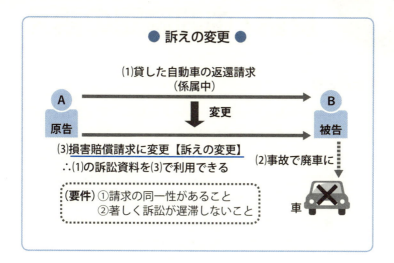

　①の請求の基礎の同一性は、変更前の請求と変更後の請求の主要な争点が同一であることを意味します。しかし、これは被告の防御が困難になることを防ぐために設けられた要件なので、請求の基礎に同一性がない場合であっても、被告が同意した場合や応訴した場合は、訴えの変更が許されます。

　また、①の要件を充たした場合であっても、訴えの変更によって著しく訴訟手続が遅延するおそれがある場合は、訴えの変更が認められません。これは訴訟経済の点や審理の非効率化の回避といった理由から設けられた要件です。

訴えの変更が認められるとどうなる

　訴えの変更が認められると、その訴訟において従来の請求で用いた訴訟資料（当事者の弁論から得た資料のこと）はすべて、新たな請求について流用することができるようになります。

4 反訴・中間確認の訴え

反訴とは

　反訴とは、係属している同一の訴訟手続の中で、被告が原告を相手として、新たに訴えを提起することをいいます。たとえば、売主である原告が、買主を被告として代金支払請求の訴えを起こした場合に、被告が、原告に対して目的物の引渡請求の訴えを新たに起こす場合です。これは二重起訴にはあたりません。二重起訴が禁止される趣旨は、被告や裁判所の負担増を防ぐことや、前訴と後訴で矛盾した判決が言い渡されるおそれを排除することにありますが、反訴の場合は、そのような二重起訴禁止の趣旨に反しないからです。

　また、反訴の提起を認めることで、被告には別の訴えを起こして反撃する手間が省けるという利益があります。原告には訴えの変更や請求の併合といった便宜が図られているので、当事者間の公平性を保つためには、被告にも何かしらの便宜を図るべきという理由から、反訴の制度が認められています。

反訴の要件

　反訴の要件は、①反訴の請求と本訴の請求に関連性があること、②著しく訴訟手続を遅滞させないこと、③本訴が事実審（⇨P.184）の口頭弁論終結前であることです。③は控訴審の口頭弁論終結時までを意味するのが原則です。

中間確認の訴えとは

　中間確認の訴えとは、訴訟の係属中に、その請求の当否を判

第5章 ■ 複数請求訴訟

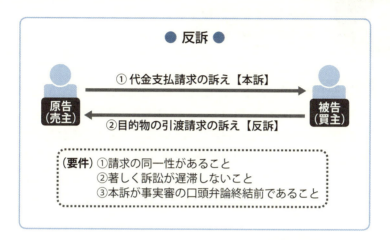

断するための前提となる権利や法律関係につき、その存否の確認を同一の訴訟内で裁判所に求めることをいいます。たとえば、所有権移転登記手続請求訴訟の係属中に、所有権確認請求を中間確認の訴えとして提起する場合です。仮に中間確認の訴えという制度がなかった場合、原告が前訴で勝訴して所有権移転登記請求権が認められても、後日、被告から後訴として所有権確認請求訴訟が提起されるなど、紛争の蒸し返しが起こることがあり、また、前訴と矛盾する判決が言い渡されるおそれもあります。こうした事態を当事者の主導の下で避けるために、中間確認の訴えが認められています。

中間確認の訴えが認められるための要件

中間確認の訴えをするには、①本来の請求の当否を判断する際に、その先決関係にある権利や法律関係について当事者間に争いがあること、②事実審の口頭弁論終結前であること、③確認請求であること、の3つの要件を充たすことが必要です。

5 共同訴訟

共同訴訟とは

　多数当事者訴訟の一類型で、1つの民事訴訟手続の中で、当事者の一方か双方ともに複数である訴訟形態を共同訴訟といいます。共同訴訟は、複数の関連する訴訟を同じ手続で審理するものなので、これにより紛争の1回的解決や、当事者間に矛盾のない解決が期待できるなどのメリットがあります。

どんな種類があるのか

　共同訴訟は、通常共同訴訟と必要的共同訴訟の2つに分類することができます。通常共同訴訟とは、本来は別々の訴えを提起することができる事件を、1つの訴訟手続に併合する共同訴訟のことをいいます。たとえば、原告である債権者が、主債務者と保証人を被告として、主債務者に対しては貸金返還請求を、保証人に対しては保証債務の履行請求をする場合です。

　2つの請求は、本来は別々の訴えに提起できるものを便宜上1つの訴訟手続で審理するものであるため、併合するかどうかは原告の選択によるのが原則です。また、判決について合一確定（矛盾のない判決をすること）の要請が働きません。そのため、主債務者に対する請求は認めるが、保証人に対する請求は認めない、とすることも可能です。

　これに対して、必要的共同訴訟は、共同訴訟人について合一確定が要請される訴訟のことをいいます。たとえば、Aの親族が、AB夫婦の婚姻関係の無効確認を求める訴えを提起する場合、これは必要的共同訴訟となるので、AB2人を被告としな

第5章 ■ 複数請求訴訟

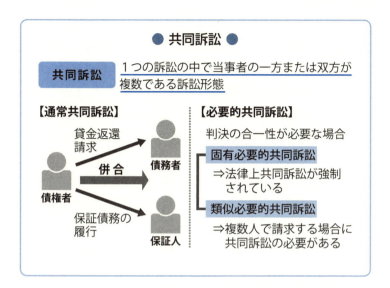

ければなりません。この訴訟では、合一確定の要請が働かない通常共同訴訟とは異なり、たとえば、Aに対しては婚姻無効、Bに対しては婚姻有効というように、当事者によって判決が異なることはありません。

必要的共同訴訟も2つに分けられる

必要的共同訴訟は、さらに、固有必要的共同訴訟と類似必要的共同訴訟の2つに分類することができます。この2つの訴訟形態は、共同訴訟とすることが法律上強制されるかどうかという点に違いがあります。固有必要的共同訴訟は、上記の婚姻無効確認の事案がその例ですが、法律上、共同訴訟として訴えを提起することが強制される訴訟形態のことをいいます。

これに対して、類似必要的共同訴訟は、共同訴訟とする法律上の強制はありませんので、単独で訴えを提起することができ

ますが、複数の者が提訴する場合は、合一確定の要請が働きます。類似必要的共同訴訟の具体例として、複数の株主が提起する株主総会決議取消しの訴えがあります。株主総会決議取消しの訴えは、株主が単独で提起することもできます。しかし、ある株主総会決議に対して、複数の株主が取消しを求めて提訴する場合は、共同訴訟によらなければなりません。

仮に同一の株主総会決議の取消しを求める複数の訴訟が別々に審理されると、ある訴訟では決議取消しが認められ、別の訴訟ではそれが認められない、といった矛盾が生じるおそれがあります。そうした矛盾を避けるため、複数の株主が提訴する場合には、共同訴訟とすることが強制されるわけです。

共同訴訟が認められるための要件

共同訴訟は複数の当事者が関与する訴訟形態であるため、通常の1対1の訴訟に比べて、手続が煩雑になるデメリットがあります。このデメリットを回避するため、共同訴訟が認められるための要件として、以下の3つを規定しており、いずれかの要件を充たすことが求められています。

① 訴訟の目的である権利や義務が数人について共通していることです。たとえば、数人の連帯債務者に対する支払請求や、数人に対する同一不動産の所有権確認などが該当します。

② 訴訟の目的である権利や義務が同一の事実上・法律上の原因に基づくことです。たとえば、主債務者と保証人に対する貸金返還請求や、同一の事故に基づく数人の被害者による損害賠償請求などが該当します。

③ 訴訟の目的である権利や義務が同種であって、事実上・法律上同種の原因に基づくことです。たとえば、アパートの賃

貸人が各賃借人に対してする賃料増額請求などが該当します。

共同訴訟の審判と共同訴訟人独立の原則

共同訴訟は、原告や被告が複数となって訴訟行為を行いますが、この複数を構成する当事者のことを共同訴訟人といいます。

通常共同訴訟の場合は、共同訴訟人のうち1人の訴訟行為、共同訴訟人のうち1人に対する相手方の訴訟行為、共同訴訟人のうち1人について生じた事項は、他の共同訴訟人に影響を及ぼしません。これを共同訴訟人独立の原則といいます。つまり、共同訴訟人は、各自が独立して、請求の放棄や認諾、訴えの取下げ、自白などをすることができ、その効果は他の共同訴訟人に及ばず、それをした当事者と相手方との間にしか及びません。

また、共同訴訟人の1人について手続の中断や中止になる原因が生じても、他の共同訴訟人には影響がありません。通常共同訴訟は、本来別個に訴訟を提起する数個の請求について、便宜上共同訴訟とすることが認められているに過ぎないためです。

一方、共同訴訟のもうひとつの類型である必要的共同訴訟については、共同訴訟人独立の原則が適用されません。具体的には、共同訴訟人のうち1人がした有利な行為は、共同訴訟人全員のために効力を生じますが、自白や請求の放棄・認諾といった不利な行為については、共同訴訟人は全員でそれをしなければ効力を生じません。つまり、共同訴訟人のうち1人がした不利な行為は、他の共同訴訟人に対してはもちろん、その行為をした者に対しても効力が生じないのです。また、共同訴訟人の1人について、手続の中断や中止になる原因が生じた場合は、全員について手続は停止します。必要的共同訴訟については、通常共同訴訟と異なり、合一確定の要請が働くためです。

6 独立当事者参加

独立当事者参加とは

　すでに係属している訴訟において、第三者が自己の請求のためにその訴訟に参加することを独立当事者参加といいます。たとえば、ある土地の所有権をめぐってAとBが訴訟で争っている場合に、Cが「その土地は私のものだ」とその訴訟に参加する場合が挙げられます。この場合を権利主張参加といいます。

　また、次のような例もあります。A所有の土地について、Bがその土地の所有権を主張してAを相手に訴えを提起したところ、Aは書面の提出をせず、訴訟に出席もしていないとします。すると、Bの主張をそのまま認める判決が言い渡されて、その土地の所有権はBのものとなります。しかし、この土地上にCが抵当権を持っていたらどうなるのでしょうか。Cとしては、その土地の所有権がAに帰属していなければ困るわけです。そこで、Cは、Bの主張を退けるためにこの訴訟に参加する場合があります。これを詐害防止参加といいます。

独立当事者参加の要件

　独立当事者参加は、他人同士の訴訟に途中から飛び入りをするようなものなので、参加しようとする訴訟がすでに係属していることが要件となります。

　その上で、その訴訟に参加しなければならない理由の存在が要件として求められます。具体的には、権利主張参加の場合には、訴訟の目的の全部か一部が自己の権利であることを主張する必要性があることが求められます。これに対して、詐害防止

第5章 複数請求訴訟

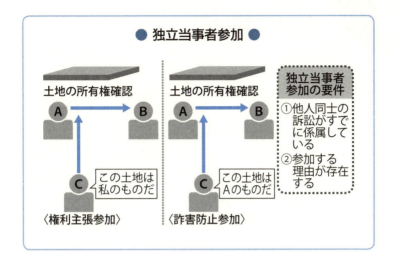

参加の場合には、訴訟の結果によって自己の権利が害されるおそれがあることが求められます。

独立当事者参加の審理

独立当事者参加は、本来であれば複数の争いを、1つの訴訟において、矛盾なく一挙に解決することを目的としているため、当事者や参加人の三者間における平等に対しては特に配慮された制度となっています。

たとえば、二当事者間の訴訟行為は、残り1人の不利益においては効力を生じません。たとえば、Aの主張に対するBの自白は、それがCに不利益となるのであれば、Cも自白をしない限りABC全員に対して効力を生じません。

また、当事者の誰かに手続の中断や中止の必要が生じれば、訴訟全体が停止されます。判決も三者の各請求に矛盾が生じないことが求められます。

173

7 補助参加

補助参加とは

　他人間に係属中の訴訟の結果について利害関係を有する第三者が、当事者の一方を補助するために訴訟に参加することを補助参加といいます。たとえば、債権者が保証人に対して、保証債務の履行を求めて訴えを提起した場合に、被告である保証人に対して主債務者が補助参加することがあります。この場合、訴訟物は保証債務の履行請求権なので、この訴訟で債権者が勝訴したとしても、既判力が主債務者の債務に及ぶことはなく、主債務者がこの訴訟の結果から直接的な不利益を被ることはありません。しかし、保証債務を履行せざるを得なくなった保証人が、主債務者に対して求償権を行使することで、結果的に債権者勝訴の影響が主債務者に及ぶことになります。

　したがって、主債務者は、債権者・保証人間の訴訟において保証人に補助参加をして保証人勝訴に助力すれば、保証人から求償を受けることがなくなるので、その点で、主債務者がこの訴訟に補助参加する意義があります。

補助参加の要件と補助参加の利益が認められる場合

　補助参加は、他人間に係属している訴訟において、一方の当事者に加勢する形で参加するものなので、補助参加をするには、他人間の訴訟が係属中であることが前提要件となります。この要件を充たした上で、その他人間の訴訟の結果について利害関係を認めることができる場合に、補助参加の要件を充たします。

　もっとも、裁判所は、補助参加の申出があった際、当事者か

第5章 ■ 複数請求訴訟

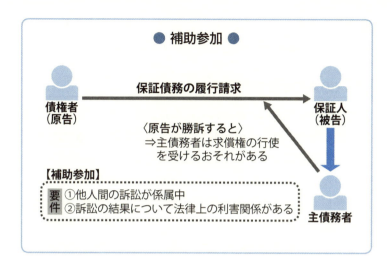

ら補助参加について異議が出た場合に、補助参加の要件を充たすか否かを審理し、補助参加の許否を決定します。一方、当事者から異議が出なければ、裁判所が補助参加の許否を判断することなく、補助参加が認められることになります。

問題となるのが、補助参加をする者（補助参加人）にとって、他人間の訴訟について利害関係が認められるかどうかという要件です。この要件を補助参加の利益といいます。

ここでの「利害関係」とは、単なる感情的な理由や事実上の利害関係ではなく、法律上の利害関係を指します。たとえば、あの原告は嫌いだから被告に味方して困らせてやるという感情的な理由や、被告が敗訴して財産が減少すれば、自分への利益配当が少なくなるという事実上の利害関係では、補助参加の利益が認められません。前述した保証人の事案のように、被告の敗訴によって自分の法的地位に不利な影響が及ぶおそれがあるためとか、原告の勝訴によって自分の法律上の権利に有利な影

175

響をもたらすため、などといった法律上の利害関係を持っていることが、補助参加の利益として求められています。

判決の効力と参加的効力

補助参加が行われた訴訟における判決は、その訴訟の当事者に対して効力が及ぶのは当然ですが、補助参加人に対しても一定の効力が及びます。この補助参加人に及ぶ判決の効力のことを参加的効力といいます。ただし、判決の効力が及ぶといっても、補助参加人はその訴訟の当事者ではないので、参加的効力は当事者に及ぶものとは異なる効力であるということができます。

そこで、補助参加人に対してどのような効力が及ぶのかが問題となります。判例や多くの学説は、その訴訟で被参加人（補助参加をしてもらった当事者のこと）が敗訴した場合に、その被参加人と補助参加人との間でのみ生じる特別な効力が参加的効力であると説明しています。つまり、判決の効力は、補助参加人と相手方当事者との間では生じないと考えます。

参加的効力が認められる場合とは

参加的効力について、保証債務の事例を使って具体的に説明しましょう。債権者が保証人に対して、保証債務の履行を求めて訴えを提起し、被告である保証人に対して主債務者が補助参加をして争ったのですが、その結果、被告である保証人が敗訴する判決が確定したとします。この確定判決の効力により、保証人は保証債務を履行することになります。

そして、保証債務の履行後に、保証人は主債務者に対して求償権を行使するわけですが、先の判決内容に納得していない主債務者は、これを拒みました。そこで、保証人は主債務者を相

手に訴えを提起します。ここで、主債務者は「そもそも私は債権者に対して債務を負っていない。よって保証債務も存在しないので、保証人が私に求償権を行使することは認められない」と主張して争うことができるかというと、それはできないとするのが参加的効力です。主債務者は保証人と共同して訴訟を追行し、十分な主張や立証を尽くした結果として敗訴したわけなので、その敗訴の責任は保証人とともに公平に負担するべきであるという考え方からです。

ただし、先の訴訟において、主債務者に十分な主張や立証の機会が与えられていなかったという事情がある場合は、参加的効力は生じないと考えられています。

参加的効力と訴訟告知

訴訟告知とは、訴訟の係属中に、当事者からその訴訟に参加できる第三者に対して、訴訟が係属している事実を知らせることをいいます。この訴訟告知を第三者にすることで、告知を受けた第三者（被告知人）は訴訟に参加して自己の利益を守る機会が与えられ、また、告知した当事者（告知人）も被告知人による助力が期待できます。

しかし、現実には、被告知人を訴訟に巻き込むことで被告知人にも責任を負わせる目的や、訴訟に敗訴すると第三者から損害賠償請求を受ける可能性がある場合に、その第三者を被告知人として損害賠償を阻止する目的で、訴訟告知が行われることがあります。なぜなら、被告知人は、告知を受けても訴訟に参加するか否かは任意に決定できますが、訴訟告知によって、参加しないとしても被告知人に対して参加的効力が生じさせることができるからです。

8 訴訟承継

訴訟承継とは

　訴訟承継とは、訴訟係属中に新たに紛争の主体となった者が、その訴訟の当事者としての地位を受け継ぐ制度をいいます。訴訟承継には、当事者の申立てがなくても訴訟承継が起こる場合（当然承継）と、当事者の申立てによって訴訟承継が起こる場合（申立承継）とがあります。申立承継については、訴訟承継を申し立てる者の違いに応じて、参加承継、引受承継に分類されます。

① 当然承継

　たとえば、貸金返還請求訴訟で争っていたところ、訴訟の途中で被告が死亡した場合、被告に相続人がいるならば、その相続人が被告としての地位を当然に引き継ぎます。ただし、争われている権利関係が生活保護の受給権などである場合は、相続の対象にならないので（一身専属権といいます）、このときは当事者が死亡しても当然承継は起こらず、訴訟が終了します。

② 参加承継

　たとえば、家屋の明渡請求訴訟が係属中に、被告がその家屋を第三者に売却した場合に問題となります。家屋を購入した第三者は、訴訟の結果、被告が敗訴すると、自分が購入した家屋を原告に明け渡さなければならないおそれがあります。そこで、第三者からの申立てにより、その第三者が自ら進んで訴訟を引き継ぐことが認められています。これを参加承継といいます。

③ 引受承継

　たとえば、建物の明渡請求訴訟が係属中に、被告との間で賃

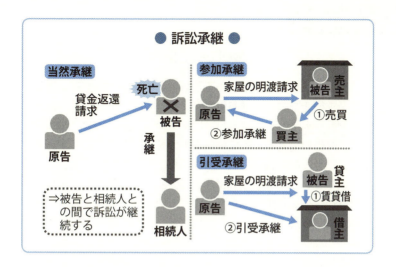

貸借契約を結んだ第三者が、その家屋に住み始めた場合に問題となります。この場合、原告は被告に勝訴しても、第三者が占有する状態を解消できません。そこで、係属中の訴訟を意味あるものとするため、原告が第三者に対して訴訟に参加するよう申し立てることが認められています。これを引受承継といいます。

その他の当事者変更が認められる場合

訴訟の当事者が変更する場合には、法律が認めている法定当事者変更と、法律に基づかない任意的当事者変更があります。法定当事者変更には、上記の当然承継や、参加承継・引受承継による当事者の変更が該当します。これに対して、任意的当事者変更とは、当事者とすべき者を誤った場合に、原告の意思で当初の被告以外の者を被告にする場合をいいます。任意的当事者変更に関する法律の規定はありませんが、学説の多くはこれを認めています。

Column

集団で行う訴訟

　同一の事実関係に基づいて複数の当事者が、相手方に対して請求権をもつ場合があります。たとえば、ある企業が有害な物質を噴煙として排出し続けたために、周辺住民に健康被害が発生した場合、特に健康被害の範囲が広いときは原告の数は相当多数に及び、裁判所は同種の事件を大量に扱うことが求められることになります。このように、多数の潜在的な原告が存在するようなケースで、争いとなっている事実関係について共通点が認められる場合に、個々の原告を代表する者が、個々の権利をまとめて行使して訴訟を行うという形式が存在します。これをクラスアクション（集団訴訟）といいます。アメリカなどで認められている法理論であり、代表者が提起した訴えの判決の効力が、訴訟には登場しない個々の構成員に当然に及ぶという点に特徴があります。

　民事訴訟法は、クラスアクションを一般的に肯定しておらず、共同訴訟人が多数いる場合に、代表者を選定する選定当事者の制度が認められています。したがって、クラスアクションの場合は、個々の構成員が訴訟を提起せずに、団体の代表者が最初から原告となって訴訟の追行を行うのに対し、選定当事者の場合は、訴えを提起している複数人の中から代表者を選定するという違いがあります。もっとも、消費者裁判手続特例法に基づき、消費者の金銭的被害の回復に関して、特定適格消費者団体による訴訟追行が認められており、日本版クラスアクションともいわれています。しかし、被害者が当然に構成員に含まれるクラスアクションとは異なり、特定適格消費者団体への参加を望む被害者のみが対象者となるなど、実際のクラスアクションとは多少異なる制度といえます。

第6章

上訴・再審

1 上訴

上訴とは

　上訴とは、裁判が確定する前に、上級裁判所に対して、その裁判の取消しや変更を求める不服申立てのことをいいます。つまり、「この判決は間違っている」といって、上級裁判所に審判のやり直しを求めることが上訴です。

　上訴には、第一審の終局判決に対する不服申立てである控訴と、控訴審の終局判決に対する不服申立てである上告の他、裁判所が言い渡す決定や、裁判長などが言い渡す命令に対する不服申立てとしての抗告の３種類があります。

　なお、再審も裁判に対する不服申立てですが、確定した裁判に対する不服申立てである点が、上訴とは異なります。

上訴提起の要件と効果

　当事者が裁判に不満がある場合、上級裁判所に救済を求める機会が設けられていなければ、適正な裁判を確保し、当事者の権利保護を図ることは難しくなります。そこで、上訴制度が認められたわけですが、反復して審査することが必ずしも裁判の誤りを是正することにならない場合もあり、無制限に上訴を認めるのは訴訟経済の要請に反することにもなります。そのため、上訴をするには、法律で定められた手続に従って行うなどの要件が設けられています。

　まず、上訴の提起は、上訴期間内に行う必要があります。たとえば、判決に対する控訴・上告は、当事者が判決を受け取ってから２週間以内に提起しなければなりません。

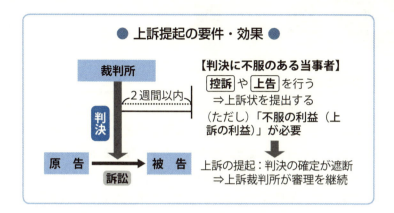

　次に、上訴は必ず書面（上訴状）でしなければなりません。上訴状は判決を言い渡した裁判所に提出する必要があります。

　さらに、上訴は裁判に対する不服申立てであることから、上訴人に不服の利益（上訴の利益）があることが必要です。この「不服の利益」とは、言い渡された判決が当事者の申立てよりも質的・量的に少ない場合に認められると考えられています。

　たとえば、原告が被告に貸した 200 万円の返還を求めて訴えを起こしたとします。被告に対し 200 万円の返還を命じる判決が言い渡された場合、判決は原告の申立てよりも量的に少なくないため、原告には不服の利益がありません。一方、被告に対し 80 万円の返還を命じる判決である場合は、原告の申立てよりも量的に少ないので、原告に不服の利益が認められます。なお、敗訴した被告には、当然に不服の利益が認められます。

　以上の要件を充たして上訴が提起されると、判決の確定が遮断（確定遮断の効力）され、審判の場が上訴を受けた裁判所に移って、審理が継続されることになります（移審効）。

2 控訴

控訴とは

控訴とは、簡易裁判所や地方裁判所における第一審の終局判決に対して行う不服申立てのことです。つまり、簡易裁判所の第一審判決に対する地方裁判所への上訴、地方裁判所の第一審判決に対する高等裁判所への上訴が、控訴ということになります。

控訴では、事件について、あらためて事実認定をやりなおして、第一審判決に対する不服の当否を審査することから、第一審と同じく事実審といわれています。

控訴審の審理

控訴の提起は、原則として、第一審の判決を受け取ってから2週間以内に、控訴状を第一審の裁判所に提出して、これを行わなければなりません。控訴審においては、第一審で提出された事実や証拠に、新たに控訴審で提出された事実や証拠を加えて、審理が行われます。また、控訴審における口頭弁論は、当事者が第一審判決の変更を求める限度で行います。

たとえば、200万円の貸金返還請求訴訟において、申立ての一部が認められて、被告Bに対して80万円の返還を命じる判決を得た原告Aのみが、200万円の返還を求めて控訴したとします。

控訴審の口頭弁論は、控訴人Aが変更を求める120万円の範囲内で行われます。そして、控訴審の判決は、Aの不服申立ての限度、つまり第一審判決で認められなかった120万円の範囲内に限定されます。第一審判決で認められた80万円の支払いを命じる判断については、たとえ控訴裁判所がAの請求全部に

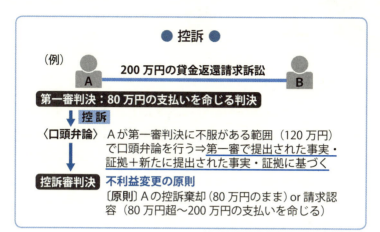

理由がないと考えたとしても、その判断が覆されないのが原則です。これを不利益変更の禁止といい、控訴人は控訴が棄却された場合であっても、第一審判決で勝訴した部分までは不利益に変更されることはないのが原則です。

　ただし、被控訴人は、控訴審の口頭弁論終結時までに、控訴人の申し立てた審判の対象を広げて、自己に有利な判決を求めることができます。これを附帯控訴といいます。上記の例でも、被控訴人Bが請求の全部棄却を求める付帯控訴をした場合は、審判の範囲が120万円から200万円に拡張されます。そのため、200万円全額の請求を棄却する判決や、第一審で認められた80万円の認容額よりも少額の支払いを命じる判決が言い渡される可能性があります。附帯控訴は、当事者間の公平を図るための制度で、不利益変更の禁止を排除する役割を担っています。

　控訴審も、第一審と同様に、原則的に裁判所の終局判決により終了します。控訴審の判決に不満があれば、上級裁判所へ上告を行うことになります。

3 上告

上告と上告理由

　上告とは、控訴審の終局判決に対する上訴のことです。上告審においては、第一審や控訴審とは異なり、原則として事実認定の当否を判断せず、控訴審の判決（原判決）が法令に違反しているか否かの観点から審査するため、法律審といわれています。そのため、上告を認めてもらうには、不服の利益だけではなく、法定の上告理由を主張する必要があります。

　そして、上告裁判所は法律審なので、事実関係については、事実審が適法に認定した事実に拘束され、それに基づいて判断を行わなければなりません。ただし、原審が認定した事実に違法がある場合は、原判決を破棄することが可能です。

　上告理由は、①一般的上告理由と、②絶対的上告理由との２種類に限定されます。なお、最高裁判所に上告するときは、上告受理の申立てにより、上告が認められる場合があります。

① 一般的上告理由

　上告裁判所がどこであるかに関係なく、判決に憲法違反があることが上告理由となります。さらに、高等裁判所に対して上告するときは「判決に影響を及ぼすことが明らかな法令の違反があること」も上告理由となります。

② 絶対的上告理由

　専属管轄の規定に違反した場合や、判決に関与できない裁判官が判決に関与した場合など、原判決に重大な手続違反がある場合は、それが判決に影響を及ぼすか否かを問わず、民事訴訟法の規定により上告理由になります。

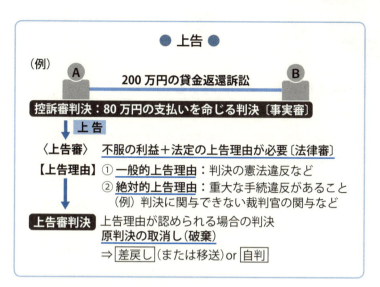

上告審の審理

　上告は、第二審の判決を受け取ってから2週間以内に、第二審の裁判所に対して上告状を提出して行います。上告裁判所において、上告理由の存否について判断します。書面からは上告理由の存否を判断できない場合は、口頭弁論を開いて審理・判決をすることになります。

上告審の判決

　審理の結果、上告に理由があると判断したときは、原判決は取り消されます。これを破棄といいます。原判決を破棄するときは、事実認定をやり直させるため、控訴審の裁判所に事件を差し戻すか、それと同等の他の裁判所に事件を移送することになります。なお、上告裁判所は、差戻しをせずに、自ら判決をすることもできます。これを自判（破棄自判）といいます。

4 抗　告

抗告とは決定・命令に対する不服申立て

　判決に対する不服申立てとして控訴・上告があるように、決定や命令に対する独自の不服申立てとして抗告があります。

　決定や命令は裁判の一種ですが、訴訟の進め方や訴訟手続上の付随的事項のように、判決に比べて軽易な事項や、特に判断が急がれる事項を取り扱うことから、簡易迅速に処理することが要請されます。そのため、決定や命令に対する不服申立てについても、抗告という簡易な方法が採用されています。

　抗告が認められているのは、①口頭弁論を経ずに訴訟手続に関する申立てを却下した決定・命令がある場合と、②判決で裁判しなければならない事項を誤って決定・命令をした場合の2つに限られています。

通常抗告と即時抗告がある

　抗告には、抗告期間の有無により、①通常抗告と②即時抗告の2種類に分けられます。

　通常抗告は、抗告を提起できる期間に定めがなく、決定・命令の取消しを求める利益（抗告の利益といいます）があれば、いつでも認められます。

　これに対し、即時抗告は、裁判の告知を受けた日から1週間以内に提起する必要があります。即時抗告が提起されると決定・命令の執行停止の効力が生じます。どのような場合に即時抗告になるかは、法律が個別に規定しています。

抗告

抗告 決定・命令に対する不服申立て
↳ 訴訟の進行や手続などの付随的な事項が対象

- **通常抗告** ⇒ 期間の定めがなく、抗告の利益があればいつでも申立て可能
- **即時抗告** ⇒ 決定・命令の告知を受けた日から1週間以内に提起が必要

※**特別抗告**… 憲法違反を理由とする最高裁判所への例外的な抗告
※**許可抗告**… 高等裁判所の決定・命令に対して最高裁判所への例外的な抗告

最初の抗告と再抗告

審級の違いによる分類として最初の抗告と再抗告とがあります。最初の抗告（単に「抗告」ともいいます）は、原裁判所がした決定・命令に対して最初になされる抗告のことで、判決に対する控訴にあたります。

これに対し、再抗告は、最初の抗告について地方裁判所がした決定（命令は再抗告の対象外です）について不服がある場合に、高等裁判所に対してなされる抗告のことで、判決に対する上告にあたります。なお、高等裁判所がした決定に対して最高裁判所に再抗告することはできません。

特別抗告・許可抗告

特別抗告とは、不服申立てのできない決定・命令について、その憲法違反を理由として最高裁判所にする抗告のことです。

許可抗告とは、高等裁判所がした決定・命令について、高等裁判所が許可した場合に限り、最高裁判所に対する抗告を認めることをいいます。

5 特別上訴・再審

特別上訴とは

通常の不服申立ての方法がないか、上訴や再抗告といった通常の不服申立てをしつくした裁判に対し、憲法違反があることを理由に、最高裁判所に対して不服申立てを行うことを特別上訴といいます。特別上訴には、特別上告と特別抗告とがあります。

特別上告とは、高等裁判所が上告審である場合に、その終局判決に対して、憲法解釈の誤りなどの憲法違反を理由とする不服申立てのことです。特別抗告とは、不服申立てのできない決定・命令に対し、憲法違反を理由に行う不服申立てのことです。

再審とは

判決が確定する前であれば、上訴により判決内容を争うことができますが、判決が確定した後は、法的安定性の要請から上訴することは許されず、もはや判決内容の変更を望むことはできなくなります。しかし、判決手続に重大な誤りがあった場合などに救済手段がまったくないとすれば、当事者にとって酷であるだけではなく、裁判の適正とそれに対する国民の信頼を失うことになります。そこで、判決確定後であっても、法定の再審事由があれば、確定判決の取消しと事件の再度の審判を求めることを認める再審という制度が設けられています。

再審は、確定判決に対する非常の不服申立てであることから、法律で列挙された事由（再審事由）に該当しない限り、認められません。主な再審事由には次のものがあります。

第6章 上訴・再審

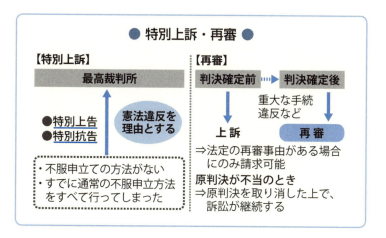

①法律に従って判決のための裁判所を構成しなかった場合、②法律により判決に関与できない裁判官が判決に関与した場合、③訴訟上の代理人が代理権を欠いた場合、④判決に関与した裁判官がその事件について職務に関する罪を犯した場合、⑤判決の証拠となった文書などが偽造や変造されたものだった場合、⑥刑事上罰すべき他人の行為により自白させられた場合など

再審の訴えは、判決確定後、当事者が再審事由を知った日から30日以内、判決確定日から5年以内に、確定判決をした裁判所に提起しなければなりません。再審事由が認められる場合は、裁判所は再審開始決定をして、不服申立ての限度で審理や判決をします。審理の結果、原判決と同一の結果となったときは、再審請求を棄却し、原判決を不当と認めたときは、原判決を取り消して、さらに裁判を行うことになります。

ピンポイント民事訴訟法

2018年6月29日　第1刷発行

編　者　デイリー法学選書編修委員会
発行者　株式会社　三省堂　代表者　北口克彦
印刷者　三省堂印刷株式会社
発行所　株式会社　三省堂
　　　　〒101-8371　東京都千代田区神田三崎町二丁目22番14号
　　　　電話　編集 (03) 3230-9411　　営業 (03) 3230-9412
　　　　http://www.sanseido.co.jp/

〈ピンポイント民事訴訟法・192pp.〉

© Sanseido Co., Ltd. 2018　　　　　　　　　　　　Printed in Japan
落丁本・乱丁本はお取り替えいたします。

> 本書を無断で複写複製することは、著作権法上の例外を除き、禁じられています。
> また、本書を請負業者等の第三者に依頼してスキャン等によってデジタル化する
> ことは、たとえ個人や家庭内での利用であっても一切認められておりません。

ISBN978-4-385-32026-7